Die Berichte der
sächsischen Truppen
aus dem Feldzug 1806 (IX)

Brigade Zezschwitz

Beiträge zur sächsischen Militärgeschichte zwischen 1793 und 1815

Heft 74

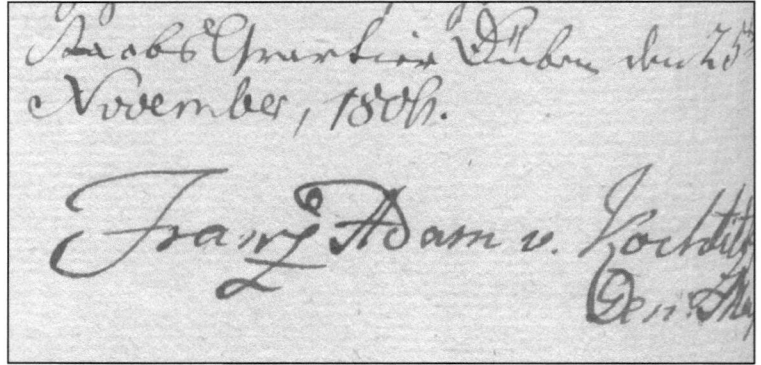

Abb. 01　　　Unterschrift des Generalmajor von Koch-
　　　　　　　titzky unter seinem Bericht vom
　　　　　　　25.11.1806 (Bestand 11 339 Akte 256)

# Die Berichte der
# sächsischen Truppen
# aus dem Feldzug 1806 (IX)


## Brigade Zezschwitz

Bibliographische Information der Deutschen Bibliothek

Die Deutsche Bibliothek verzeichnet diese Publikation in der Deutschen Nationalbibliographie; detaillierte bibliographische Daten sind im Internet über http://dnb.ddb.-de abrufbar.

Die Deutsche Bibliothek – CIP – Einheitsaufnahme

Jörg Titze (Hrsg.)

Die Berichte der sächsischen Truppen aus dem Feldzug 1806 (IX)

Brigade Zezschwitz

ISBN 978-3-7543-7994-3

© 2022 Jörg Titze

Herstellung und Verlag: BoD - Books on Demand Norderstedt

# Inhaltsverzeichnis

# Kochtizky Cuirassiers

| | Monatlich ab Land, Tractament, à | Summa. |
|---|---|---|
| | rℓ. fℓ. x. | rℓ. fℓ. x. |

## Tractament

Beym Staab:

| | | |
|---|---|---|
| 1. Obrister, | | 73. 8. |
| 1. Obrist. Lieutenant, | | 49. 12. |
| 2. Majors | 64. 4. | 128. 8. |
| 1. Regimentsquartiermeister, | | 18. 8. |
| 1. Adjutant | | 18. 8. |
| 1. Auditeur | | 14. 16. |
| 1. Feldprediger, | | |
| 1. Regiments Chirurgus, | | 20. |
| 9. Mann | | 322. 12. |

Bey 8. Compagnie,

| | | |
|---|---|---|
| 5. wirkliche Rittmeister, | 27. 12. | 137. 12. |
| 2. Staabs Rittmeister, | 27. 12. | 55. |
| 7. Premier Lieutenants | 18. 8. | 128. 8. |
| 15. Sous Lieutenants, | 16. | 240. — |
| 29. Mann | | 560. 20. |

Hinzuberg,
Zur Bergütung auf 30. reducirt. Rationen
Linienlaub... feldbädigung bei 8. Compagn.

| | | |
|---|---|---|
| 38. Mann, Summa | | 883. 8. |

## Löhnung.

Beym Staab:

| | | |
|---|---|---|
| 1. Staab Fourier ... mit 1. Pferd, | | 4. 14. |
| 1. Profoss, ... " " | | 4. 18. |
| 1. Hospital Chirurgus ... " 1. " | | 4. 14. |
| 1. Wagenmeister, ... " 1. " | | |
| 4. Escadrons Sattler, ... " 4. " | | |
| 1. Profoss mit Knecht ... " 1. " | | 5. 2. |
| 9. Proviant, und Bagagewagen Knecht, " 36. " | | |
| 26. Fahrknechte, ... " 51. " | | |
| 1. Marquetender, ... " — " | | |
| 45. Mann, ... mit 96. Pferden, | | 19. |

Abb. 02    Auszug aus dem Feld-Verpflegungsreglement

# 1.    Einleitung

Mit den hier nachfolgenden Gefechtsberichten der Regimenter

> Carabiniers
> v.Kochtitzky Kürassiers und
> Prinz Albrecht Chevauxlegers

liegen nun die Berichte der sächsischen Kavallerie[1] aus dem Feldzug 1806 so vollständig vor, wie die Aktenlage es zulässt.

Durch das Auffinden des für die Mobilmachung gültigen Feld-Verpflegungs-Reglements vom 01.09.1806[2] in den Akten des Geheimen Kabinetts haben sich auch die Ausrückstärken der Regimenter ermitteln lassen.

Da der Generalmajor von Kochtitzky auf das Kommando seines Regiments beschränkt blieb, habe ich den Oberbegriff „Brigade Zezschwitz" für diesen Truppenverband gewählt, obwohl auch dieser Generalleutnant von Zezschwitz[3] in einer kommandierenden Eigenschaft in den Berichten kaum vorkommt.

Die zu diesem Truppenverband gehörende reitende Batterie unter Kommando des Premierleutnants von Groß-

---

[1] Heft VII Brigade Trützschler (Husaren/ No.66 dieser Reihe); Heft VIII Chevauxlegers-Regimenter (Prinz Johann, Prinz Clemens und von Polenz/ No.71 dieser Reihe)

[2] HStA-Bestand 10026, Akte Loc 1202/1

[3] Joachim Friedrich Gotthelf von Zezschwitz (65, Patent vom 15.08.1800, Chef des Carabinier-Regiment) war der Bruder des kommandierenden Generals Hans Gottlob von Zezschwitz (70, Patent vom 30.07.1801; Chef der Garde du Corps)

mann ist bereits in Heft 12[4] dieser Reihe ausführlicher behandelt worden, als es im Rahmen dieser Ausarbeitung möglich ist, weshalb ich auf diese Publikation verweisen möchte.

Begleitend[5] hierzu seien empfohlen:

    **a)** der Montbé[6], die wohl beste gedruckte Quelle zu den sächsischen Truppen in diesem Feldzug.

    **b)** der Bericht eines Augenzeugen[7]


Dem interessierten Leser wünsche ich eine spannende Lektüre.

Eilenburg im Februar 2022             Jörg Titze

---

[4] Heft 12 dieser Reihe: Das sächsische Artilleriekorps / Die Geschichte der reitenden Artillerie 1802 - 1809. Der Gefechtsbericht der reitenden Batterie vom 9ten Oktbr: bis zum 1sten Novbr: 1806 ist abgedruckt auf den Seiten 45 - 56. Weiterhin bietet das Heft alle Informationen über die Organisation, Uniformierung und Ausrüstung dieser Batterie.

[5] Regimentsgeschichten dieser 1810 (Carabiniers) bzw. 1813 (Kochtitzky/Zastrow, Prinz Albrecht) aufgelösten Regimenter haben sich bisher nicht auffinden lassen.

[6] A. von Montbé - Die Chursächsischen Truppen im Feldzuge 1806 - Dresden 1860

[7] R.v.L - Bericht eines Augenzeugen von dem Feldzuge der während den Monaten September und Oktober 1806 unter dem Kommando des Fürsten von Hohenlohe-Ingelfingen gestandenen Königl: preußischen und Kurfürst: sächsischen Truppen - Tübingen 1807

## 2.      Die sächsischen Truppen im Feldzug von 1806

Zum besseren Verständnis ist nachfolgend die Zuteilung sächsischer Truppen zu den preußischen Großverbänden aufgeführt:

### Kombiniertes preußisch-sächsischen Korps
### Preuß. Generalltn. Fürst zu Hohenlohe-Ingelfingen

### Division der Avantgarde
### preuß. Generalleutnant Prinz Ludwig von Preußen

#### Generalmajor von Bevilaqua

| | |
|---|---|
| Regiment Prinz Clemens | 1.+2.Bataillon |
| Regiment Churfürst | 1.+2.Bataillon |
| 4pfd. Batterie Hoyer | 8 Geschütze |
| preuß. Regiment v.Müffling No.49 | 2 Bataillone |
| preuß. 6pfd. Batterie Riemann | |

#### Generalmajor von Trützschler

| | |
|---|---|
| Husarenregiment | 8 Escadrons |

### 2.Division des Linken Flügels
### Generalleutnant von Niesemeuschel

#### Generalmajor von Burgsdorff

| | |
|---|---|
| Regiment Prinz Xavier | 1.+2.Bataillon |
| Regiment Thümmel | 1.+2.Bataillon |
| Regiment Prinz Friedrich August | 1.+2.Bataillon |
| 8pfd. Batterie Hausmann | 8 Geschütze |
| 8pfd. Batterie Ernst | 8 Geschütze |

#### Generalmajor von Dyherrn

| | |
|---|---|
| Regiment Bevilaqua | 2.Bataillon |
| Regiment Low | 1.+2.Bataillon |
| Regiment Niesemeuschel | 1.+2.Bataillon |
| 12pfd. Batterie Bonniot | 8 Geschütze |

## Gen.ltn. von Zezschwitz / Gen.maj. von Kochtitzky

| | |
|---|---|
| Kürassierregiment Kochtitzky | 4 Escadrons |
| Karabinier-Regiment | 4 Escadrons |
| Chevauleger-Regiment Albrecht | 4 Escadrons |
| Reitende Batterie Großmann | 8 Geschütze |

## Generalleutnant von Polenz

| | |
|---|---|
| preuß. Füsilierbataillon Boguslawski | |
| Chevauleger-Regiment Polenz | 4 Escadrons |
| preuß. ½ reitende Batterie Studnitz | |

## Division der Reserve  pr. Generalleutnant von Prittwitz

### Generalmajor von Cerrini

| | |
|---|---|
| Grenadier-Btl. Thiollaz | (Xavier/Clemens) |
| Grenadier-Btl. Lecoq | (Sänger/Low) |
| Grenadier-Btl. Lichtenhayn | (Churfürst/Bünau) |
| Grenadier-Btl. Metzsch | (Friedrich/Thümmel) |
| Grenadier-Btl. Hundt | (Anton/Niesemeuschel) |
| Granat-Batterie Tüllmann | 8 Geschütze |

### pr. Generalmajor von Krafft

| | |
|---|---|
| preuß. Dragoner-Regiment Prittwitz | 5 Escadrons |
| Chevauleger-Regiment Clemens | 4 Escadrons |
| preuß. Reitende Batterie Hahn | |

## Seitenkorps  preuß. Generalmajor von Tauenzien

### Generalmajor von Schönberg

| | |
|---|---|
| Gren.-Btl. aus dem Winkel | (Rechten/Maximilian) |
| Regiment Rechten | 1.+2.Bataillon |
| Regiment Prinz Maximilian | 1.+2.Bataillon |
| Granatbatterie Kotsch | 8 Geschütze |
| Chevauleger-Regiment Johann | 4 Escadrons |

Diese (auch von Montbé) genutzte Ordre de Bataille ist nicht mehr als eine organisatorische Momentaufnahme und in Bezug auf ein über das seines eigenen Regiments hinausgehendes Kommando des Generalmajors von Kochtitzky nicht den Rapports entsprechend.

## 3. Die Organisation und Formierung der mobilen Kavallerie Regimenter

### 3.1 Die schweren Regimenter Carabiniers (C) und von Kochtitzky (K)

Beim Stab

| | |
|---|---|
| 1 Oberst | 1 Stabs-Fourier |
| 1 Oberstleutnant | 1 Rossarzt |
| 2 Majors | 1 Hospital-Chirurg |
| 1 Rgt.squartiermeister | 1 Wagenmeister |
| 1 Adjutant | 4 Eskadrons-Sattler |
| 1 Auditeur | 1 Profos mit Knecht |
| 1 Feldprediger | 9 Proviantknechte |
| 1 Rgt.s-Chirurg | 26 Packknechte |
| | 1 Marketender |

Gesamt 54 Mann, 9 Reit-, 36 Zug- und 51 Packpferde

Bei 4 Eskadrons

| | |
|---|---|
| 6 (C)/7 (K) Rittmeister | 7 Fouriers |
| 7 Premierleutnants | 7 Chirurgen |
| 15 (K)/16 (C) Sousleutnants | 32 Korporals |
| 8 Wachtmeister | 8 Trompeter |
| 8 Estandart-Junker | 7 Schmiede |
| | 551 (K)/559 (C) Gemeine |

Gesamt 29 Offiziere, 628 (Kochtitzky) bzw. 636 (Carabiniers) Mann und Dienstpferde

## 3.2    Das Chevauxlegers-Regiment

Die Organsation entspricht der der schweren Regimenter mit folgenden Abweichungen:
- 6 Capitains und 14 Sousleutnants
- 31 Korporals und 512 Gemeine

Damit hatte das Regiment bei 4 Eskadrons
<u>28 Offiziere, 588 Mann und Dienstpferde</u>

## 3.3    Formation und Vorschriften

Die Kavallerie-Regimenter waren in 4 Eskadrons zu je 2 Kompanien abgeteilt. Die Kompanieeinteilung erfolgte in 2 Züge und 4 halbe Züge.

Es wurde dreigliedrig rangiert und es hatten damit die Eskadron 44, die Kompanie 22 und der Zug 11 Rotten.

Für die sächsische Kavallerie galten 1806 an Vorschriften:

a)  das Dienstreglement im Lande und im Felde vor Dero Kavallerie- und Dragoner Regimenter vom Jahre 1753

b)  das Exerzierreglement für die Churfürstlich Sächsische Kavallerie vom Jahre 1777

## 4.    Die Berichte

**Teil I    Kürassier-Regiment v.Kochtitzky**    enthält

Rapport Generalmajor von Kochtitzky

Rapport Oberstleutnant von Schlieben

Rapport Premierleutnant von Görner

Rapport Rittmeister von Feilitzsch

Rapport Premierleutnant von Metzradt


**Teil II    Carabinier-Regiment**    enthält

3 Rapports Oberst von Feilitzsch


**Teil III   Regiment Prinz Albrecht Chev.leg.**    enthält

Rapport Oberst von Barner

Rapport Major von Kleist

Rapport Premierleutnant von Hübel

Rapport Premierleutnant von Zschertwitz

Rapport Oberstleutnant von Mangoldt

Rapport Major von Petrikowsky

Rapport Major von Bünau

Rapport Capitain Lessing

Rapport Regimentsquartiermeister und Sousleutnant
        Canzler

Rapport Capitain von Süßmilch

Rapport Premierleutnant von Großmann

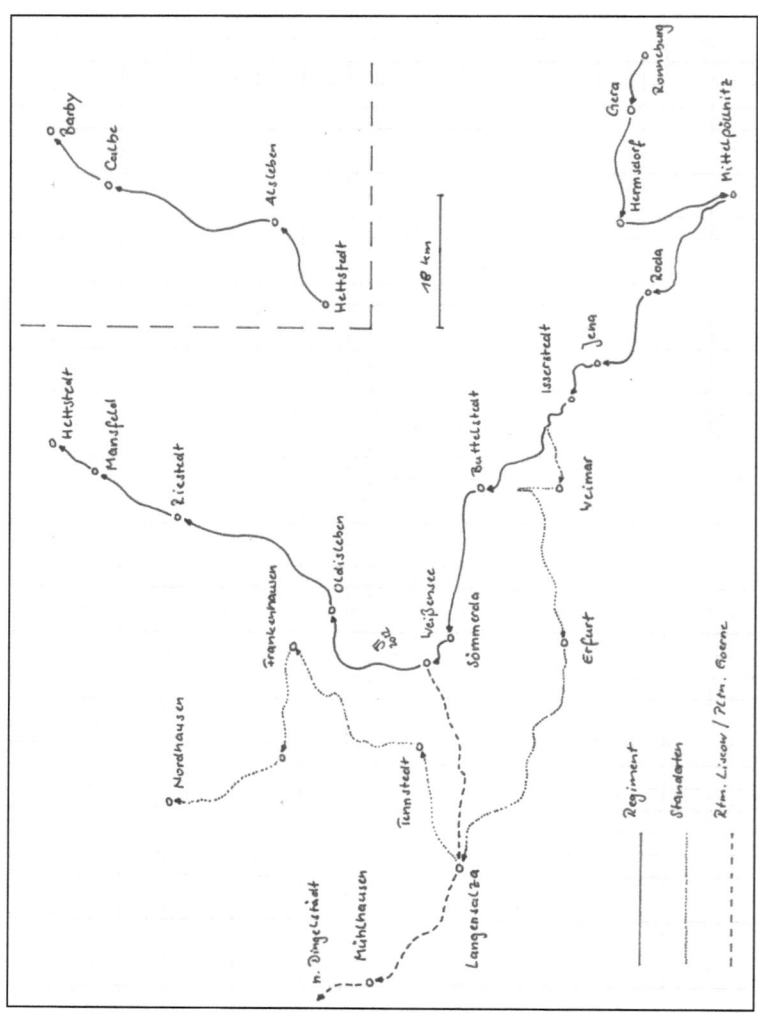

**Abb. 03**    Marsch des Regiments v.Kochtitzky vom
08.10. - 19.10.1806

# Teil I

## Kürassier-Regiment von Kochtitzky

**Teil I   Kürassier-Regiment v.Kochtitzky**                    Seite

## Bericht - Generalmajor von Kochtitzky[8]

Ew. Exzellenz überreiche angelegen das vom Herrn Oberst Leutnant v.Schlieben gefertigte Tagebuch vom 8ten Oktbr: an samt Beilagen nebst denen ansonst verlangten Anzeigen und bemerke hierbei ganz gehorsamst, dass am 22ten dieses auch der bisher fehlende Sousleutnant von Uichtritz, welcher in Stollberg, nachdem er vorhero ganz bis aufs Hemd ausgeplündert worden, sehr krank danieder gelegen, wieder beim Regiment eingetroffen ist.

Dass oberwähnter Rapport vom Oberst Leutnant und nicht vom Oberst v.Schlieben oder von mir abgefasst worden, rührt daher, weil, wie Ew: Exzellenz annoch in gnädigen Andenken ruhen wird, der Oberst schon seit dem 11ten Oktbr:, an welchem Tage er bei der unerwarteten Retirade bei Jena unglücklich stürzte und mehrere Wunden und Konfusionen am Kopfe erhielt, als krank gemeldet sich abwesend befand; ich hingegen auf dringendes Bitten des Corps d'officiers meines Regiments mich während der Bataille vom Platz wegbringen lassen musste, da sich die mit meinem Alter verbundene Schwäche und der daher rührende Schwindel, welches allerdings gedachten Corps in die Augen fiel und mich im Reiten hinderte, zu meinem größten Leidwesen überfiel, daher außerstande mich befand, den entscheidenden Moment abzuwarten.

Dass diese Entfernung nicht aus Feigheit geschah, sondern vielmehr ganz wider meinen Willen, deshalb berufe ich mich auf das Zeugnis obgedachten Corps d'officiers und ich hoffe daher auf Derselben gnädige Entschuldi-

---

[8] An Se des Churf: Sächs: kommandierenden Herrn Generals von Zezschwitz Exzellenz, Stabsquartier Düben den 25ten November 1806

gung aller Orten, als worum Ew: Exzellenz ich geziemend ersuche.

––––

### Bericht Regiment - Oberstleutnant von Schlieben[9]

Auf den mir unterm 13ten dieses gegebenen mündlichen Befehl, eine Relation über die Schlacht bei Jena und den nachher erfolgten Bewegungen ehemöglichst einzureihen und einer mir hierzu überreichten Original Ordre vom 4ten ejs: von Se Exzell: den kommandierenden Herrn General v.Zezschwitz zu Folge, verfehle ich nicht, mich ungesäumt dieses Auftrages ganz gehorsamst hierdurch zu entledigen.

Es kommt mir zwar nicht zu, über die Tage vom 8ten bis zum 12ten Oktbr: meine ohnmaßgebliche Meinung hinzuzufügen, weil sowohl Ew: Hochwohlgebr: als der Herr Oberst v.Schlieben selbst Augenzeugen derselben waren. Nur von dieser Zeit an hatte ich die Ehre das Cuirassier Regiment v.Kochtitzky bis zur Einrückung in die Garnisons zu kommandieren und nur von diesen Tagen, welche mir das Glück gewährten, das Regiment zu führen, ist es mir erlaubt, über die Höchste Pflichterfüllung desselben mein Urteil zu fällen.

Diesem ohngeachtet verfehle ich nicht, um dem Inhalt der Ordre vom 4ten Novbr:[10] ganz nachzukommen, dasjenige zugleich mit zu bemerken, was sich meinem Ermes-

––––

9 An Se des Churfürstl: Sächs: Herrn General Major v.Kochtitzky Hochwohlgebr: ganz gehorsamster Rapport, Standquartier Kemberg den 21ten Nov: 1806

10 im Original ist der 4te Oktbr: angegeben, was aber nicht stimmen kann.

sen zu Folge bis zum Antritt meines Kommandos in dem Regiment ereignete.

Den 8ten Oktbr: brach das Regiment auf erhaltenen Befehl aus der Gegend von Ronneburg auf, erhielt Nachtquartiere in den Dörfern Hermsdorf, Schleifreisen, Albersdorf, Moendorf und Pollberg, um

den 9ten seinen Marsch in die Gegend Kahlau fortzusetzen. In der Nacht vom 8ten zum 9ten erhielt das Regiment Ordre Halt! zu machen, um 11 Uhr den Befehl, sogleich in die Gegend Mittelpöllnitz vorzurücken und daselbst seine Bestimmung zu erwarten. Das Regiment versammelte sich auf der dahin führenden Straße an der Neuen Schenke und traf Nachmittags gegen 5 Uhr daselbst ein. Nach der Ankunft wurde sogleich eine Feldwacht unter dem Hrn: Rittmeister v.Hartig und Leutnant v.Norman gegen die Höhe von Braunsdorf vorgeschickt und rückte sodann das Regiment in die angewiesene Position ein. Das Regiment formierte den äußersten rechten Flügel des ganzen Korps und lehnte sich mit dem linken Flügel an die Ziegelei vor dem Dorfe /: mir unter dem Namen Wittgenstein bekannt :/; auf unserer linken Flanke befand sich die Sächs: reitende Batterie auf der Straße nach Mittelpöllnitz platziert. Die Pferde des Regiments blieben gesattelt und es wurden in der Nacht immerwährende Patrouillen bis in die Gegend Triptis unterhalten.

Am 10ten Oktbr: in der Nacht wurde der Rittmeister Liscow, mit denen Leutnants v.Etzdorf und Schaller, mit 50 Pferden bis in die Gegend über Neustadt an der Orla abgeschickt, um Se Durchl: den Fürsten von Hohenlohe einzuholen und zu eskortieren. Nach der Ankunft Se Exzellenz des Königl: Preuß: Herrn General Leutn: v.Tauenzien wurde aber erst gegen Mittag die Position unseres Regiments dahin verändert, dass solches mit ausgedehnter Front sich mehr zurück, mit dem Rücken an den hinter demselben gelegenen Walde anlehnte und mehr rechts zu stehen kam. Die auf unserer linken Flanke bisher gestandene reitende Batterie ging erst teilweise, und mit ihr der Prem: Leutn: v.Tettau mit 30 Pferden vom Regiment zur Bedeckung, dann aber ganz nebst mehreren Kavallerie und Infanterie Regimentern auf unseren rechten Flügeln wurde zur Deckung der reitenden Batterie der Hr: Major v.Wurmb mit seiner unterhabenden Eskadron dahin detachiert.

Auf wessen Befehl und Veranlassung das ganze Korps ab- und in die Gegend Roda marschierte, ist mir nicht bekannt geworden.

Das Regiment kam Abends nach 7 Uhr vor der Stadt Roda an, folgte dem Chevauxlegers Regiment Pr: Albrecht, welches daselbst einen wahrscheinlich angewiesenen Platz zum biwakieren eingenommen hatte.

Am 11ten Oktbr: setzte das Regiment mit dem Regiment Albrecht den Marsch über Roda nach Jena fort; auf den Anhöhen hinter der Stadt Roda wurde Halt gemacht, aufmarschiert und die 2te Eskadron des Regiments unter dem Befehl des Hr: Rittmeister v.Feilitzsch zur Deckung der reitenden Batterie, welche uns voraus ging, detachiert.

Als die Regimenter Jena erreicht hatten, wurde, indem das Regiment Albrecht, welches die Tete hatte und sich schon in der Vorstadt befand, Halt! Kommandiert; unser Regiment stand in Kolonne noch außerhalb der Vorstadt hinter demselben, als auf einmal /: ich weiß nicht auf welche Veranlassung :/ von dem Hr: Oberst v.Barner rechtsumkehrt und die Retraite im Trab kommandiert

wurde. Wir mussten uns aus dem vor der Stadt gelegenen Defilee zurückziehen und einen Platz zu erreichen
suchen, wo wir uns formieren und aufmarschieren konnten. Kurz auf dieses Ereignis erfolgte der Befehl, die Stadt
Jena zu passieren und eine angewiesene Position jenseits
derselben zu beziehen. Es wurde sogleich nach Befehl
geschickt und angeordnet, sobald als möglich diese Position zu verlassen und eine andere auf der Schnecke noch
in dieser Nacht zu beziehen.

Am 12ten Oktbr: des Morgens um 3 Uhr kam das Regiment auf den Anhöhen auf der Chaussee von Jena nach
Weimar an, veränderte 3mal seine Stellung und bezog
Nachmittags um 2 Uhr nebst den Regimentern Carabiniers, Pr: Albrecht und v.Polenz ein von dem Königl:
Preuß: Hr: Obersten v.Massembach angewiesenes Lager,
mit dem rechten Flügel nach der Straße von Jena nach
Weimar, mit dem linken Flügel an das Dorf Isserstedt ge-
lehnt. Zur rechten kampierte das Regiment Pr: Albrecht,
zur linken das Regiment v.Polenz; vor unserer Front die
Sächs: Infanterie, hinter derselben die Grenadiers.

Gleich nach der Einrückung daselbst passierten Se Maj:
der König von Preußen die Front des Regiments.

Zu einer Rekognoszierung unter Kommando des Hr: Major v.Kleist wurden von dem Regiment der Hr: Rittmeister
v.Moerner, Leutn: v.Weiß und v.Röder mit 74 Pferden
kommandiert. Zur Feldwacht die Leutn: v. Görne und
Graf Oertzen mit 80 Pferden.

Am 13ten Oktbr: wurde unter dem Befehl des Hr: Oberst
v.Poncet eine trockene Fouragierung kommandiert, wozu
von diesem Regiment der Hr: Major v.Wurmb, die Rittmeister v.Hoffmann und v.Köckritz, der Prem: Leutn: von
Metzradt und Leutn: Müller nebst ohngefähr 100 Pfer-

den bestimmt waren. Gleich nach dem Ausmarsch begann auf dem linken Flügel Se Durchl: des Fürsten von Hohenlohe ein Gefecht, wozu die Regimenter Pr: Albrecht und v.Polenz abgeholt und bestimmt wurden. Wir brachen unser Lager ab und hielten uns zum Abmarsch bereit, bis wir am Abend Befehl erhielten, wieder einzurücken. Die Fouragierung kehrte unverrichteter Sache zurück und nur der Sousleutn: Müller brachte einige Fourage mit sich. Wir erhielten die Parole vor dem Infanterie Lager. In dieser Nacht wurde der Hr: Rittmeister v.Feilitzsch jun. und Leutn: v.Uichtritz auf Feldwacht kommandiert und von dem Rittmeister v.Odeleben auf seinen Posten geführt und angewiesen; dessen Rapport, weil er einigen Bezug auf den 14ten haben könnte, ich zugleich in Original beischließe.

Am 14ten Oktbr: mit Tagesanbruch begann die Kanonade auf dem linken Flügel. Wir erhielten Befehl zu satteln, das Lager abzubrechen und vor der Front desselben auszurücken. Die Equipage ging auf erhaltenen Befehl nach Weimar ab. Die 4te Eskadron unter dem Befehl des Hr: Major v.Wurmb wurde zu Unterstützung einer Feldwacht des Hr: Major v.Wangenheim in die Gegend Isserstedt detachiert, welche nach Verlauf einiger Stunden, als das Regiment auf Befehl des Hr: Gen: Ltn: v.Zezschwitz die Stellung nebst dem Regiment Pr: Albrecht veränderte und Front gegen Isserstedt machte, wieder in das Regiment einrückte.

Se Durchl: der Fürst von Hohenlohe ließen durch den Hr: Obersten v.Gutschmidt Kavallerie zur Verstärkung dessen linken Flügels von dem Hr: Gen: Ltn: v.Zezschwitz fordern, wozu ich mit 3 Eskadrons und zwar der 2ten, 3ten und 4ten Eskadron des Regiments bestimmt wurde; die 1ste Eskadron blieb unter Kommando des Hr: Rittmeister

Liscow in der ersten Stellung mit dem Regiment Pr: Albrecht zurück.

Der Adjutant des Regiments erhielt von dem Hr: Oberst v.Gutschmidt die Stellung, uns mit dem Preuß: Dragoner Regiment v.Prittwitz zu alignieren, angewiesen, als Se Exzell: der Hr: General Leutnant v.Tauenzien demselben Befehl erteilte, mich auf den rechten Flügel seiner Infanterie zu setzen, welche von Kavallerie entblößt mit dem rechten Flügel an dem Dorfe /: ich glaube es hieß Groß-Romstedt :/ stand.

Als dieses Korps zu retirieren anfing, ließ ich das Dorf rechts, erhielt Befehl, mich an das preuß: Cuir: Regiment Graf v.Henckel und einigen Eskadrons Bilau Husaren anzuschließen und mich mit selbigen nach dem rechten Flügel zu ziehen. In dieser Zeit erfolgte die Ankunft des Hr: Gen: Ltn. v.Zezschwitz mit den Carabiniers Regiment, einem Detachment von Polenz und der 1sten Eskadron unseres Regiments, welche wieder einrückte.

Nachdem die Retraite allgemein ward und das Cuir: Regiment Graf Henckel nebst den Husaren den Kampfplatz verlassen hatte, nahm das Regiment die Gelegenheit wahr, auf feindliche Kavallerie zu attackieren, machte einige Gefangene und haute mit Entschlossenheit diejenigen nieder, welche sich uns entgegen gesetzt und sich nicht mit der Flucht retteten.

Um nicht abgeschnitten zu werden, konnte man diesen Vorteil nicht verfolgen, sondern nur einige Eskadrons Dragoner, welche so eben aus einem Dorfe und in Rücken nehmen wollten, attackieren und niederhauen, nur wenige derselben entkamen.

Vor diesem Gefecht verlor das Regiment durch heftiges Kartätschenfeuer mehrere Leute und vorzüglich viel

Pferde, worunter 7 Pferde der Herren Offiziers, und der Prem: Ltn: Weiß, dessen Pferd unter dieser Zahl war, gefangen wurde. Das Regiment formierte sich und setzte, nachdem es das Carabinier Regiment wieder eingeholt hatte, die Retraite mit selbigen fort. Wir schienen nunmehr die Bestimmung zu erhalten, erst den Aufmarsch des Korps Se Exzell: des Hr: preuß: Gen: Ltn: v.Rüchel, so dann dessen rechte Flanke zu decken. Hier bot sich kein Vorteil dar, dem Feind irgend einen Abbruch tun zu können. Als auch dieses Korps zu retirieren anfing, setzten wir unser Rückzug auf der Chaussee nach Weimar fort. Auf den Anhöhen hinter uns zeigte sich viel feindliche Kavallerie, welche uns zu verfolgen und die noch vorhandene preuß: Infanterie abzuschneiden drohte. Wir wurden aufgefordert, rechtsumkehrt zu machen und aufzumarschieren. Eine preuß: reitende Batterie setzte sich auf unsere rechte Flanke, tat einige Schuss und zog sich zurück. Wir folgten auf Befehl dem Carabinier Regiment, welches nun erst anfing, seine Retraite anzutreten und ich erinnere mich nicht, außer diesem Regiment und dem erwähnten Detachment von Polenz noch einen Mann diesseitiger Kavallerie auf dem Kampfplatz gesehen zu haben. Kaum hatten wir die Chaussee passiert, um unsern Rückzug über Buttelstedt fortzusetzen, als wir von feindlichen Cuirassiers verfolgt und von einigen Eskadrons derselben in den Rücken angegriffen wurden. Wir marschierten auf, nahmen die Flügel vor, attackierten dieselben und hieben viele davon zusammen; durften aber, wegen der im Hinterhalt postierten zahlreichen Kavallerie und Batterie dieselben auf ihrer Flucht nicht verfolgen. Es wurde hierbei der Rittmeister v.Köckritz blessiert und der Leutnant Graf Oertzen gefangen genommen.

Auch muss ich bemerken, dass, als wir im Verlauf dieses Tages befehligt wurden, uns an das Tauenzien'sche Korps anzuschließen, wir auf Veranlassung verschiedener preuß: Regimenter die Estandarten der 2ten, 3ten und 4ten Eskadron unter Bedeckung des Leutnants v.Hartitzsch und 12 Mann hinter der Front des Regiments postierten. Dieses Kommando, wozu sich der Prem: Leutn: v.Metzradt und der Sous Leutn: v.Meerheim, denen ihre Pferde totgeschossen wurden und sich daher zu Fuß retten mussten nebst verschiedenen Cuirassiers, die das nämliche Schicksal hatten und andere versprengte Mannschaften gesellten, hat einen anderen Rückzug eingeschlagen und ist später als das Regiment in seiner Friedens Garnison eingetroffen, worüber der Rapport des Prem: Leutn: v.Metzradt im Original beigefügt ist.

Die Estandarte der 1sten Eskadron waren wir so unglücklich in der Nacht nach der Bataille durch den Sturz des Estandart Junkers mit dem Pferde, wodurch dieselbe zertrümmert ward, zu verlieren.

Nachdem wir einige Stunden der Nacht auf einer Wiese verweilten, wurde der Rückzug bis Sömmerda fortgesetzt, daselbst gefüttert und bis Grenstedt hinter Weißensee marschiert, wo wir Nachtquartiere erhielten. Bei diesem nächtlichen Rückzug wurden die Rittmeister Liscow, von Köckritz, die Leutnants v.Goerne, v.Schlieben, v.Norrmann und v.Roeder nebst ohngefähr 100 Mann durch Eindringen einer preuß: Batterie und einem Kavallerie Regiment von der Kolonne getrennt, welche, da kein Vereinigungspunkt bei einer vorfallenden Retraite befohlen war, den Weg nach Erfurt einschlugen; daselbst wurden der Rittmeister Liscow und von Köckritz, der Leutnants v.Norrmann nebst ohngefähr 20 Mann, deren Pferde gänzlich marode waren, gefangen genommen, die Offiziers auf ihr Ehrenwort entlassen, Unteroffiziers und Gemeine nebst preuß: Gefangenen transportiert.

Die Leutnants v.Goerne, v.Schlieben und v.roeder nebst der übrigen Mannschaft, schlossen sich vor Erfurt an ein preuß: Korps an, blieben seit dieser Zeit vom Regiment getrennt und sind erst den 17ten dieses Monats in die Garnisonen eingerückt, worüber ebenfalls der Original Rapport von dem Prem: Leutn: v.Goerne beigefügt ist.

Der weitere Rückzug und die hierbei vorgefallenen Attacken sind von Se Exzell: dem kommandierenden Herrn General v.Zezschwitz und von dem Herrn General Leutnant v.Zezschwitz dirigiert worden, daher ich alle Bemerkungen hierüber für überflüssig halte.

Am 19ten Oktbr:, als das Hauptquartier nach Barby, das Regiment aber nach Tornitz zu stehen kam, wurde mir

am 21sten früh 8 Uhr durch den Leutn: v.Minckwitz, welcher patrouilliert hatte, gemeldet, nachdem wir Tages vorher den Befehl erhalten, keine Feindseligkeiten auszuüben und den Feind auf keine Weise zu reizen, dass sich französische Kavallerie dem Dorfe nähere, welche zu mehreremalen auf den Leutn: v.Minckwitz geschossen. Ich begab mich zu Pferde, um ihnen selbst mit einem Trompeter entgegen zu reiten und ihnen den Befehl Se Exzell: bekannt zu machen; allein, sogleich fielen 6 bis 7 Chasseurs über mich her, setzten mir die gespannte Pistole auf die Brust und verlangten von mir Uhr und Börse. Um nun keinen Anlass zu Feindseligkeiten zu geben, so gab ich solches willig hin. Mittlerweile hatte sich das Regiment auf dem bestimmten Alarmplatz gesammelt und kaum war dieses geschehen, so fielen sie in dem Dorfe ein, plünderten selbiges und raubte auch 500 Tl. - - Regimentsgelder, wovon ich bereits sowohl als von meinem eigenen Verlust Rapport erstattet habe und ließen uns, nach das geschehen, willig abmarschieren.

Am 22ten Oktbr: traten wir unsern Rückmarsch in unsere Friedens Garnisonen an und rückten nach geschehener Abgabe der Pferde und Seitengewehr den 25ten und 26ten Oktbr: ein.

Ew Hochwohlgebr: aber das Wohlverhalten eines einzelnen derer bei der Schlacht zugegen gewesenen Offiziers Rapport zu erstatten, bin ich um deswillen nicht im Stande, weil im Allgemeinen jeder dererselben seine Pflicht im höchsten Sinn des Wortes erfüllte. Einen derer Herrn Offiziers vorzüglich zu erwähnen, würde unverdiente Zurücksetzung des ganzen Korps derselben sein, welches von einem Geist beseelt sich diesen Tag bestrebte, seine Schuldigkeit ganz zu erreichen.

Von dem Verlust dieses Regiments am 14ten Oktbr: an Toten und Verwundeten kann kein bestimmter Rapport meinerseits eingereicht werden, weil sich noch täglich Cuirassiers bei dem Regiment einfinden, welche teils versprengt, teil gefangen, teils in franz. Lazaretts an ihren Wunden krank gelegen haben, auch sollen sich, laut Nachrichten, noch welche daselbst befinden.

Von Offiziers ist blessiert der Rittmeister v.Köckritz, vermisst wird der Sous Leutn: v.Uichtritz, welchen das Pferd totgeschossen ward und sich in der Zeit meines Kommandos noch nicht wieder beim Regiment eingefunden hatte, doch sagen unzuverbürgende Nachrichten, er liege in Nordhausen oder Stollberg an einem Nervenfieber gefährlich krank.

## Bericht Kommando - Premierleutnant v.Goerne[11]

Als ich in der Nacht von 14ten zum 15ten vorigen Monats, als nach dem Tage der Schlacht bei Jena, mit einem Teil der 1sten, 2ten und 3ten Eskadron, bestehend aus den Hrn: Rmstr: Liscow, Rmstr: v.Köckritz, Prem: Leutn: v.Goerne, v.Schlieben und Sous Leutn: v.Roeder nebst 100 Pferden vom Regiment abgekommen war und der Hr: Rmstr: Liscow von Weimar bis in die Gegend von Erfurt marschierte, wurde mir von den gedachten Rmstr: Liscow, als derselbe mit dem blessierten Rmstr: v.Köckritz, welcher seine Wunde in Erfurt verbinden lassen wollte, sich dahin begab, mir das Kommando dieser Mannschaft einstweilen übergeben.

Allein, kaum waren nur gedachte beide Herrn Rittmeister dahin abgegangen, so zeigte sich viele feindliche Kavallerie auf der Höhe vor Erfurt. Ich ließ die Mannschaft aufmarschieren und vereint mit preuß: Kavallerie auf den Feind attackieren. Da uns aber der Feind sehr überlegen war, so mussten wir retirieren und zogen uns hinter Erfurt weg bis gegen Langensalza. Da uns nun der Feind immer verfolgte und uns die Nacht übereilte, so kam es, dass etliche 40 Mann von der Truppe gesprengt wurden und den 16ten früh mit Tagesanbruch nur mit etliche 50 Pferde nebst den Pr: Leutn: v.Schlieben und Sous Leutn: v.Roeder vor Mühlhausen ankam; hier ließ ich die Pferde etwas füttern und setzte dann den Marsch, da ich nicht wusste, auch keine Nachricht erhalten konnte, wohin das Regiment marschiert sei, über Dingelstädt nach Heiligenstadt fort. Hier traf ich den preuß: General Major v.Lettow an, bei welchem ich mich meldete und von demsel-

---

[11] An Se des Churf: Sächs: Herrn Oberst Leutnant von Schlieben Hochwohlgebr:, Standquartier Kemberg am 23ten Nov: 1806

ben befehligt wurde, mich an seine gesammelte versprengte Mannschaft an Kavallerie und Infanterie anzuschließen und mit ihm, bis wir Nachricht erhalten könnten, wo sich das Sächs: Korps sammelte, zu marschieren.

Den 17ten Oktbr: früh marschierten wir denn bis Göttingen, wo wir einquartiert wurden und auf 1 Tag Brot und Fourage von einem preuß: Kommissaire erhielten.

Den 18ten ej: traten wir den Marsch nach Duderstadt an, als wir aber in dasige Gegend kamen, erhielten wir die Nachricht, dass der Feind in dieser Stadt schon eingerückt sei, daher wir dann bis Göttingen wieder zurück marschierten und abermals Nachtquartier daselbst nahmen, fassten auch auf Befehl des Hr. General Major von Lettow auf 2 Tage Brot und Fourage.

Den 19ten Oktbr: brachen wir von Göttingen wieder auf und marschierten über Nordheim bis gegen Soessen, wo die Nacht biwakiert wurde. Da nun gar keine Nachricht, ob sich schon verschiedene Mannschaft von andern Regimentern einfand, von dem Sächs: Korps zu erlangen war, so war ich genotdrungen, den Marsch unter Kommando des erwähnten Hr: General Major von Lettow zu kontinuieren; wir marschierten dann den 20ten Oktbr: und folgende Tage über Wolfenbüttel, Braunschweig, Salzwedel bis in die Gegend Wittenberge in der Altmark, wo wir den 26ten die Elbe passierten und in Klein- und Groß-Broesen bei Perleberg Nachtquartier erhielten. Hier wurde ein Rasttag zu halten anbefohlen, den 27ten Abends aber schleunigst wieder aufgebrochen und bis gegen Wittstock, dann bis Mirow im Mecklenburgischen, allwo wir noch zu einer Abteilung preuß: Truppen unter Kommando derer Herrn Generale v.Wobeser und v.Röder stießen, marschiert und über Wahren, Linskow, Dammrow bis Mühlenhoff bei Lipstädt, unter beständiger Verfolgung des Feindes bis den 2ten Nov: fortgesetzt.

Hier erhielten wir durch Se Exzell: den Königl: Preuß: General Leutnant v.Blücher die Nachricht, dass zwischen der französischen und sächsischen Armee eine Konvention abgeschlossen sei, nach welcher die Sächs: Truppen in ihre Friedens Garnisonen zurück kehren könnten.

Dieser Nachricht zu Folge begab den 3ten Nov: früh der Ob: Leutn: v.Lecoq vom Regiment v.Low Infanterie nebst dem Sous Leutn: v.Roeder und Leutn: v.Bellmont vom sächs: Husaren Regiment, welcher, nebst denen Leutn: Heinze und v.Feilitzsch mit 71 Dienstpferden schon in Heiligenstadt zu uns gestoßen und bis hierher mit uns marschiert war, mit 1 Trompeter sich in das franz: Hauptquartier des Herrn Marschall Soult, wo sich dann diese Nachricht bestätigte.

Hierauf traten wir, nachdem nur gedachter Ob: Leutn: von Lecoq mittelst eines französischen Passes und Begleitung eines Chasseurs von Hrn: Marschall Soult die Erlaubnis zum freien Abzug erhalten hatte, nachmittags 2 Uhr den Rückmarsch an und marschierten über Plau, Freuenstein, Herzsprung, Lohm, Rathenau, Altenplutho bei Genthin, Lohburg, Roßlau bis Piesteritz bei Wittenberg, wo wir den 11ten Nov: eintrafen.

Hier mussten wir einige Tage verweilen, indem der Kommandant zu Wittenberg einen Kurier an den Fürsten Berthier nach Berlin sandte, um Nachricht wegen der zwischen Sachsen und Frankreich abgeschlossenen Konvention zu erhalten.

Dieser Kurier traf den 15ten Nov: Nachmittags mit dem Befehl, dass die Dienstpferde schlechterdings abgegeben werden müssten, erst wieder ein.

Diesem Anbefehlnis zu Folge musste ich den 16ten früh 7 Uhr auf dem Markt zu Wittenberg eintreffen und, nachdem die Dienstpferde sowohl als die Armatur Stücken abgegeben waren, erhielt ich mittelst eines Passes vom franz: Kommandanten daselbst die Erlaubnis, in unsere Garnisons zu marschieren.

Dieses alles habe Ew: Hochwohlgebr: ganz gehorsamst zu melden nicht verfehlen wollen.

_____

### Bericht Kommando - Rittmeister von Feilitzsch[12]

Ew: Hochwohlgebr: melde andurch gehorsamst, dass ich den 13ten Oktbr: 1806 Abends gegen 8 Uhr mit dem Leutnant von Uichtritz und 40 Pferden vom Regiment und dem Premier Leutnant von Kuhn und 40 Pferden vom Carabinier Regiment zur Feldwacht kommandiert worden bin. Die Platzierung dieses Postens erhielt ich durch den Herrn Rittmeister von Odeleben und zwar dergestalt, dass ich an der Straße von Jena nach Weimar, jedoch mehr nach der Schnecke zu stehen kam. Ich detachierte den Premier Leutnant von Kuhn mit 36 Pferden auf meine rechte Flanke, welcher die Kommunikation mit den Preußischen Geckandischen Husaren unterhalten sollte, wurde aber, da es nicht vor nötig befunden, noch an diesem Abend zu seinem Regiment zurück geschickt. Vor die Mitte meines Postens detachierte ich 1 Unteroffizier mit 8 Pferden, so die Kommunikation mit den preuß: Feldjägern, welche selbige mit den Geckandischen Husaren hatten, unterhielt. Auf meine linke Flanke setzte ich 1

_____

12 Se dem Herrn Oberstleutnant von Schlieben Hochwohlgebr: gehorsamster Rapport; Düben den   Novbr: 1806 (*Tagesangabe fehlt!*)

Gefreiten mit 3 Pferden, um dadurch die Kommunikation mit dem vor mir stehenden Capitain vom Regiment Prinz Friedrich fortzusetzen sowie durch fleißiges Patrouillieren die Kommunikation mit dem Leutnant Krug vom Regiment von Polenz von mir unterhalten wurde.

Die Nacht fiel auf meinen Posten nichts veränderliches vor, als dass das Feldgeschrei zweimal verändert wurde und auf den früh gegen 10 Uhr erhaltenen Befehl, mich mit meinem Kommando weiter nach dem Grunde zurück ziehen musste, wo ich mich bis gegen 2 Uhr Nachmittags ruhig verhielt, hernach aber Befehl bekam, schleunig mit meinem Kommando auf den rechten Flügel zu kommen, um den Feind einigen Widerstand zu leisten, allein, weil derselbe mir weit überlegen und sich die ganze Macht von ihm der Schnecke bemächtigte; so wurde gezwungen über die Chaussee mich bis gegen das Dorf Kettschau zu retirieren, wo ich das Regiment antraf und in selbiges wieder einrückte.

––––––

## Bericht Kommando - Premierleutnant von Metzradt[13]

Nachdem mir in der Schlacht von Jena am 14ten Oktober mein Dienstpferd totgeschossen worden und ich nicht im Stande war, weder mein zweites Pferd noch ein Cuirassier Pferd zu erlangen, weil das Regiment im Gefecht begriffen, so sah ich mich genötigt zu Fuß bis zu der von der Armee Se Exzellenz des Herrn General von Rüchel aufmarschierten Infanterie zurück zu gehen. Ich richtete

---

[13] An den Churfürstl: Sächs: Herrn Oberst Leutnant von Schlieben Hochwohlgebr: ganz gehorsamste Meldung; Standquartier Schmiedeberg, 19ten November 1806

mein Augenmerk darauf, ein Pferd zu erlangen und ging daher nach der Chaussee zu, die von Jena nach Weimar führte. Nach Verlauf von einer halben Stunde traf ich einen Dragoner vom Regiment Prinz Albrecht, der mir das seine gab.

Da ich vom Regiment nichts gewahr werden konnte, die Retraite der Armee aber fortgesetzt wurde, so fasste ich den Entschluss, jenseits Weimar das Regiment zu erwarten.

Vor Weimar traf ich auf die Estandarten der 2ten, 3ten und 4ten Eskadron unter Kommando des Sous Leutnant von Hartitzsch. Diese zu erhalten und zum Regiment zurück zu bringen, ließ ich nun meine Sorge sein.

Jenseits Weimar verweilte ich auch eine geraume Zeit auf einer Anhöhe, um vom Regiment einige Nachricht zu bekommen. Da aber der Feind sich Weimar immer mehr und mehr näherte, so dachte ich auf den weiteren Rückzug und schlug den Weg nach Buttelstedt ein. Halben Weges dahin wurde ich durch die Nachricht, der Feind sei bereits in Buttelstedt, veranlasst, den Weg nach Erfurt einzuschlagen.

Nach ein paar Stunden Rast in einem 2 Stunden vor Erfurt gelegenen Dorfe, passierte ich in den Frühstunden Erfurt. Hier bemühte ich mich, Nachrichten einzuziehen, wo ich dann in Erfahrung brachte, dass das Hauptquartier Se Durchl: des Fürsten von Hohenlohe nach Langensalza käme und die Armee Befehl hätte, sich dort wieder zu sammeln. Diese Nachricht bewog mich, dahin zu marschieren. Auf diesem Wege stieß ich auf 3 Eskadrons vom Regiment Prinz Albrecht unter Kommando des Oberst Leutnants von Mangold, bei dem ich mich meldete und mich an ihn anschloss. In den Nachmittagsstunden trafen wir in Langensalza ein. Hier stieß der Premier Leutnant Schmidt und Sous Leutnant Meerheim zu mir.

Die sich hier gesammelte sächs: Kavallerie erhielt den Befehl, über Tennstädt nach Frankenhausen zu marschieren.

Den 16ten früh trafen wir daselbst ein. Hier erfuhr ich wieder das Hauptquartier Se Durchl: des Fürsten von Hohenlohe Nordhausen, auch dass ein Teil des Regiments und die Husaren dahin marschiert sei.

Mein Bestreben war, das Regiment zu erreichen, ich entschloss mich daher, nach Nordhausen zu marschieren, wo ich Nachmittags anlangte. Hier meldete ich mich bei den Herrn Oberst von Gutschmidt. Durch den Herrn Major von Egidy wurde mir vor das Detachement vom Regiment das Dorf Rodishayen zum Quartier angewiesen. Durch den, des anderen Tages, ins Hauptquartier nach Befehl geschickten Offizier erhielt ich die Ordre, sogleich aufzubrechen und desselben Tages noch bis Stollberg, den 18ten bis Ballenstedt, den 19ten bis vor Magdeburg zu marschieren.

Ich kam den 17ten nach Schwende, den 18ten nach Frohse, den 19ten nebst denen Dragoner Regimentern Prinz Clemens und Prinz Johann nach Bahrendorff in Quartier.

Ein ins Hauptquartier geschickter Offizier brachte den Befehl, dass die sächs: Kavallerie nach Gattersleben den 20ten marschieren sollte. Auf dem Marsche dahin ward dieser Befehl dahin abgeändert, dass wir vor den Toren Magdeburg ein Lager beziehen sollten.

Hier erfuhr ich Nachmittags durch einen Unteroffizier die erste beste Nachricht vom Regiment, dass es nämlich bei Barby stünde. Indem ich mir beim Herrn Oberst von

Gutschmidt Verhaltungsbefehe holen wollte, kam an die sächs: Kavallerie der Befehl, nach Barleben zu marschieren und da zu eben dieser Zeit die preuß: Vorposten auf der Straße von Egeln her angegriffen und gedrängt wurden, so glaubte ich zu viel zu riskieren, wenn ich ohne Befehl nach Barleben marschierte. Ich folgte also den Regimentern Prinz Clemens und Prinz Johann.

Der Premier Leutnant Schmidt, der Fourage und Brot fassen nach Magdeburg kommandiert war, traf nicht wieder beim Detachement ein.

In der Nacht erhielten wir den Befehl, den 21ten nach Sandfurth zu marschieren und dort über die Elbe zu gehen, preuß: Kavallerie, die bereits überging, hinderte uns hieran und sämtliche sächs: Kavallerie musste noch denselben Abend aufbrechen, um dem Befehle des Fürsten zu Hohenlohe nachzukommen, dass entweder alle Kavallerie den 22ten früh 7 Uhr bei Sandfurth die Elbe passiert sein oder nach Tangermünde gehen müsste.

Den 22ten früh trafen wir in Tangermünde ein, fanden aber auch hier die Fähren vor diesen Tag von preuß: Regimentern in Beschlag genommen und erst der 23te ward uns zum Übergang bestimmt.

Nachdem der größte Teil der sächs: Kavallerie, das Detachement vom Regiment aber bis auf mich ganz herüber war, brachte ein preuß: Offizier, der Graf von Reichenbach, den Befehl, die Fähren ans jenseitige Ufer zu schaffend mit seinem Kopfe dafür zu respondieren. Hierdurch sah ich mich genötigt, bei der Abteilung vom Regiment Prinz Clemens und Prinz Johann zu bleiben, so unter den Befehlen des Herrn Major von Schleinitz nach Sandau, um dort die Elbe zu passieren, zu marschieren genötigt war. Zum Nachtquartier wies uns Se Exzellenz der Herr

General Leutnant von Blücher Staschelt bei Stendal an. Von hier marschierten wir den 24ten über Arneburg nach Sandau ab und passierten durch die Vorsorge eben genannten Herrn Generals unverzüglich die Elbe und kamen nach Havelberg ins Quartier.

Eine Ordre von Herrn Oberst von Barner befahl uns, den 25ten nach Rathenow zu marschieren. Wir kamen Abends daselbst an. Da wir aber vom weiteren Marsche keine Nachricht hier fanden, so folgten wir den 26ten den Weg, den die sächs: Kavallerie nach eingezogenen Nachrichten genommen haben sollte, wurden aber irre geführt und kamen Mittags nach Neustadt an der Dosse, wo wir wieder Ordre vom Herrn Oberst von Barner erhielten. Zugleich traf auch ein reitender Bote von Gommern mit der Nachricht der Neutralität Sachsens ein und da der Oberst von Barner davon Meldung erhielt, so befahl derselbe, dass wir den 27ten Rasttag halten, den 28ten früh in Dreetz aber zu ihm stoßen, um den Rückmarsch nach Sachsen anzutreten. Das Detachement des Regiments war unterdessen unter den Befehl des Sous Leutnant von Hartitzsch den 23ten nach Milkow, den 24ten nach Hohen Nauen, den 25ten nach Dreetz, den 26ten nach Lügfeld, den 27ten wieder zurück nach Dreetz marschiert.

Den 28ten stieß ich also wieder zum Detachement und nun marschierten wir über Rathenow nach Milkow, wohin die Dragoner von Prinz Johann und mein unterhabendes Detachement zu stehen kamen.

Hier wurden wir sehr bald von den detachierten leichten Truppen der Avantgarde des Armeekorps Se Exzellenz des Marschall Soult, das bei Tangermünde die Elbe passiert hatte, umgeben. Durch einen französischen und sächsischen Offizier vom Regiment Prinz Clemens ward uns der Befehl gebracht, sogleich aufzubrechen und nach Rathenow zurück zu marschieren, um daselbst die Anordnungen des Marschall Soult zu erwarten.

Derselbe traf den 29ten Mittags ein und nun ward zwischen ihm und dem Oberst von Barner eine Konvention geschlossen, deren Abschrift ich hiermit beischließe[14]. Nach eigenhändiger Unterzeichnung der Namen aller Offiziere marschierten wir diesen Abend noch bis Bamme, den 30ten bis bei Brandenburg nach Genthin, den 31ten bis bei Belzig nach Schwanebeck. Den 1sten November hatten wir Rasttag und erhielten an diesem Tag von dem Herrn Obersten von Barner den Befehl, *„dass ein jedes Regiment und Detachment in die Gegend der Stabsquartiere der gewöhnlichen Friedensgarnisonen marschieren, daselbst so lange zusammen bleiben und die höheren Befehle von Dresden erwarten sollte.".*

Wir marschierten den 2ten bis Jessen, den 3ten bei Prettin über die Elbe nach Dommitsch, woselbst ich wegen der größeren Sicherheit einstweilen mein Detachement bis auf weitere Ordre beisammen behalten wollte, erhielt aber, als ich mich den 4ten in Düben bei dem Herren General Major von Kochtitzky und den Herren Oberst von Schlieben meldete, von letzterem den Befehl, unverzüglich die Mannschaften und Pferde zu ihren Kompanien und in ihre Garnisonen zu schicken. Den 5ten vollzog ich diesen Befehl und traf desselben Tages in meiner Garnison ein.

---

[14] Die Abschrift ist nicht in der Akte enthalten.

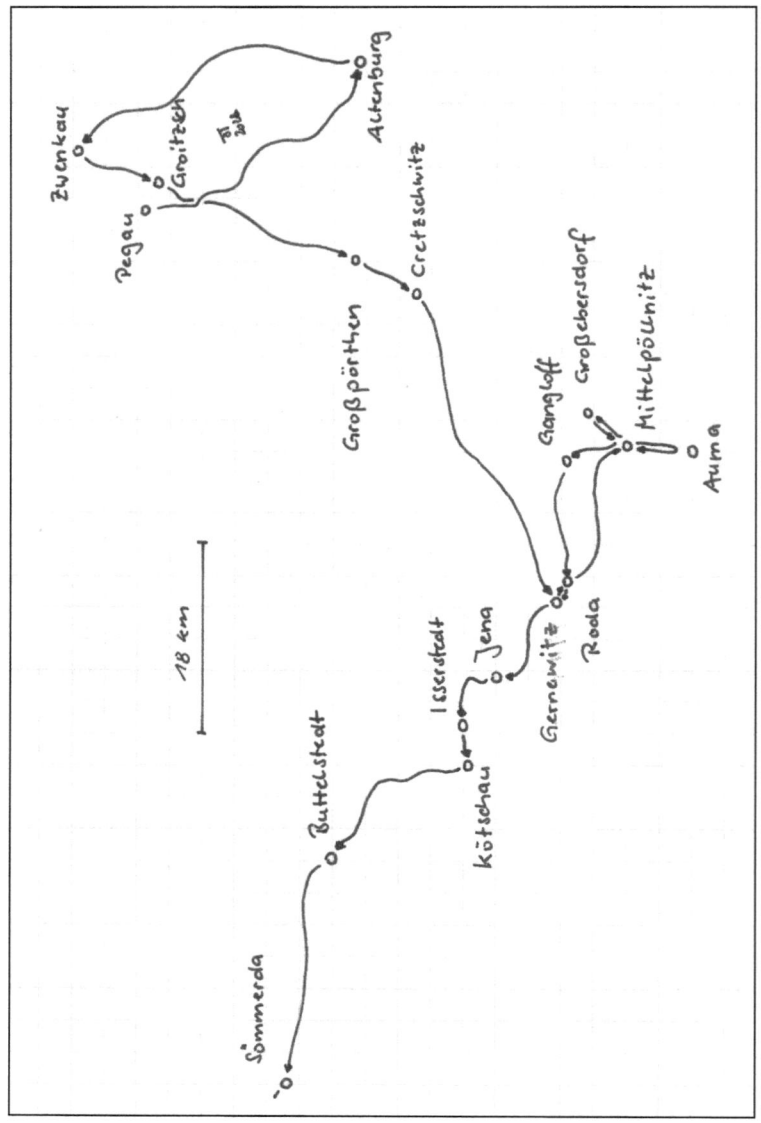

Abb. 04      Marsch des Carabinier-Regiments vom
             25.09. - 15.10.1806 (ab Sömmerda wie
             Regiment v.Kochtitzky)

# Teil II

## Carabinier-Regiment

## Bericht Regiment - Oberst v.Feilitzsch[15]

Auf Ew. Exzellenz mir erteilte Ordre pflichtschuldigst anzuzeigen, wie sich das, meinem Kommando gnädigst untergebene Carabinier-Regiment, in der jetzigen Campagne und besonders am 14ten Oktober als den Tag der
Schlacht betragen, ob es in allen seine Schuldigkeit getan, auch sich einzelne Individua besonders ausgezeichnet oder ihre Pflichten vernachlässigt haben; melde ich,
in untertänigster Befolgung dieser Ordre; dass ich, auf
die, von den Herrn General Leutnant von Zezschwitz in
eben dieser Hinsicht, unter den 12ten huj: erhaltenen
Ordre einen ausführlichen Rapport darüber erstellt habe,
welcher Ew. Exzellenz mit überschickt worden sein wird.

Mit der innigsten Überzeugung kann ich demnach nochmals versichern, dass das durch viele Kommandos, Kranke und Marode bis auf 308 Pferde zusammengeschmol-
zene Regiment an diesem Tag alles geleistet hat, wozu
die Umstände Gelegenheit gaben, indem die auf den
Feind gemachten Attacken nicht nur reüssierten, sondern
die zuletzt auf uns gemachte Attacke glücklich repoussiert wurde, auch bei diesen Gelegenheiten niemanden
insbesondere etwas zur Last gelegt werden kann.

Ew. Exzellenz ist durch Dero persönliche Gegenwart
überdem selbst bekannt, wie das Regiment mit zuletzt
auf dem Schlachtfeld gewesen und sich endlich retirieren
musste, weil es von allen Seiten abgeschnitten zu werden
bedroht wurde und auf keine Unterstützung mehr im ge-
ringsten zu rechnen war.

---

[15] An Ihro des kommandierenden Herrn General von Zezschwitz Exzellenz ganz gehorsamste Meldung; Stabsquartier Pegau am 20n
Novbr: 1806

Übrigens hat auch niemand Gelegenheit gehabt, sich durch ausgezeichnete Bravour besonders hervorzutun.

———

### Bericht Regiment - Oberst v.Feilitzsch[16]

Auf Ew. Hochwohlgeboren mir erteilte Ordre anzuzeigen, was das meinem Kommando gnädigst untergebene Carabinier-Regiment seit dem Ausmarsch aus seiner Garnison bis zur Wiedereinrückung begonnen und wie es seine Pflichten gegen seinen Fürsten und Vaterland trotz allen widrigen Ereignissen erfüllt, ermangele ich nicht, andurch alles gehorsamst zu melden, insoweit mir bei denen kurzen, jedoch beträchtlichen Fatiquen mein Gedächtnis treu geblieben, da ich in Jena bei einem blinden Alarm meine Chaise, worinnen der sehr bedeutend kranke Adjutant von Weiß saß, nebst allen Skripturen verlor, indem ein Preußisches Regiment solchen in Grund und Boden ritt und zum Teil plünderte und ich in Folge der vorhergegangenen und darauf folgenden ununterbrochenen Tag und Nacht Märsche nicht im Stande war, das geringste schriftlich zu notieren.

Das seit dem 21ten Sept: bei Pegau zusammengezogene Carabinier Regiment erhielt die Ordre, am 25ten ej: in die Gegend von Altenburg in Kantonierung zu rücken, wo es am 27ten Sept: seine Train Pferde, woran aber 10 Stück ermangelten und eins auf der Stelle krepierte, erhielt. Diese fehlenden 11 Pferde wurden in der Folge, auf Be-

---

16 An Se des Churfürstl. Sächsischen Herrn Generalleutnant von Zezschwitz Hochwohlgeboren ganz gehorsamste Meldung - Pegau am 13ten Nov: 1806

fehl Sr Exzellenz des kommandierenden Generals, in der Gegend von Gera für bares Geld erkauft.

Den 29ten marschierte das Regiment wieder nach Zwenkau und denen umliegenden Dörfern. Den 30ten war Rast.

Den 1sten Oktober nach Löbnitz bei Groitzsch, den 2ten nach Groß-Börthen, den 3ten nach Gretzschwitz bei Gera, woselbst das Regiment bis zum 8ten blieb.

Hier glaube ich mit Grund der Wahrheit bemerken zu können, dass das Regiment in den brillantesten Zustand und alles mögliche von solchem zu erwarten war, welches dasselbe auch in der Folge, trotz Hunger und Fatiquen, nicht verleugnete.

Den 8ten Oct: marschierte das Regiment früh 6 Uhr aus und traf Nachmittags 5 Uhr in Gernewitz hinter Roda ein, wo es den andern Tag weiter marschieren sollte, jedoch in der Nacht Ordre erhielt, den 9ten daselbst stehen zu bleiben.

Am 9ten früh ging jedoch Ordre ein, dass das Regiment sogleich aufbrechen und gegen Mittag zwischen Groß-Ebersdorf und Mittel-Pöllnitz eintreffen und daselbst weitere Befehle erwarten sollte.

Wegen der ziemlich weiten Entfernung derer Eskadrons war es jedoch nicht möglich, so dass einige Eskadrons erst Nachmittags zwischen 5 und 6 Uhr eintreffen konnten. Bei Mittel-Pöllnitz erhielt das Regiment Befehl, auf der Höhe bei Groß-Ebersdorf aufzumarschieren und eine Feld Wache gegen den Auma Bach auszusetzen, wozu der Rittmeister von Berge mit 50 Mann kommandiert wurde.

In der Nacht erhielt ich den Befehl über Mittel Pöllnitz nach Auma vorzurücken, um den preußischen General von Tauenzien zu unterstützen, wozu auch das Regiment von Thümmel bestimmt war. Als wir bei Mittel Pöllnitz vorgerückt waren, begegneten wir schon den retirierenden Truppen dieses Korps, welche nach Art der meisten retirierenden Truppen versicherten, dass dieses der Rest des ganzen Korps und das übrige alles für den Feind geblieben sei. Indessen folgten diesen noch mehrere Truppen, besonders aber so viele Munition und Bagage Wagen, dass das Regiment nur einzeln vorrücken und am Ende auf einem kleinen Terrain en colonne in Eskadrons aufmarschieren musste und nun weder vor, viel weniger zurück konnte, da viele Wagen umgeschmissen und den Weg gänzlich versperrt hatten. Mit vieler Mühe wurde die bei Nieder Pöllnitz gegen den Auma Bach ausgesetzte Feld Wache gegen Auma vorgezogen, um mit der daselbst vom Regiment Kochtitzky ausgestellten Feld Wache in Verbindung zu treten.

In dieser Stellung blieb das Regiment den größten Teil der Nacht, ohne etwas vom Feind zu erfahren.

Gegen Morgen, als den 10ten, da die Straße nun wieder notdürftig zu passieren war, erhielt das Regiment Befehl, seine vorige Stellung bei Groß Ebersdorf wieder einzunehmen. Kurz darauf erhielt ich Ordre, wieder gegen Mittel Pöllnitz vorzurücken, woselbst das sächsische Korps eine Position bei Gerode gegen Mittel Pöllnitz nahm und das Regiment den linken Flügel dieser Stellung bekam, bald darauf aber auf den rechten Flügel zwischen Albrecht und Kochtitzky platziert wurde.

Da wir hier nun nicht attackiert wurden, sondern die Nachricht eingegangen sein sollte, dass sich der Feind bei Neustadt links zöge und unsere rechte Flanke bedrohe, so wurde der Rittmeister von Rex mit 50 Pferden gegen

Neustadt detachiert, um Nachricht vom Feinde einzuziehen.

Das Regiment marschierte wieder auf den linken Flügel, von wo aus der Major von Witzleben mit einer Eskadron detachiert wurde, die Arrieregarde einer preußischen Kolonne, die andern 3 Eskadrons aber, nebst 2 Eskadrons von Clemens, welche aber bald eine andere Bestimmung erhielten, die Arrieregarde der sich durch das Holz retirierenden sächsischen Infanterie, der sich eine Menge preußische Bagage, Artillerie und Munitions Wagen anschloss, zu machen.

Die Nacht biwakierte das Regiment in der Gegend von Gangloff und den Morgen, als den 11ten, marschierte solches über Gangloff und Roda, auf welchem Wege es, mit dem dazu gekommenen Regiment von Polenz, die Arrieregarde der sächsischen Infanterie machte, gegen Lobeda, in welcher Gegend der Major von Witzleben mit seiner Eskadron und der sich an diese Eskadron angeschlossene Rittmeister von Rex wieder beim Regiment eintrafen. Gegen Abend wurde diesseits Lobeda angehalten und obschon alles Ordre hatte, bei Jena über die Saale zu gehen, so war es doch wegen der vielen Bagage Wagen ohnmöglich und wir genötigt, viele Stunden daselbst zu halten, bis ich endlich den Leutn: Schröder mit 20 Carabiniers kommandierte, welcher mit unglaublicher Mühe diese Equipage in Bewegung setzte, worauf ich mit dem Regiment, nachdem ich unterwegs den Major von Witzleben, einen Rittmeister und 4 Leutnants nebst 100 Pferden auf höheren Befehl zur Bedeckung der Equipage des Korps kommandiert hatte, durch Jena auf die so genannte Schnecke marschierte, um daselbst ein Lager zu beziehen.

Das Regiment schlug den 12ten Okt: ohngefähr früh um 8 Uhr sein Lager auf dem ihm angewiesenen Platze auf, demselben zur Linken kam Albrecht, Kochtitzky und Polenz zu stehen. Gegen Abend traf auf den rechten Flügel des Regiments die reitende Batterie ein und eine Linie sächsischer Infanterie formierte das erste Treffen. Am Abend wurde eine melierte Feld Wache, wozu das Regiment einen Rittmeister von Rottenburg und 40 Pferde gab, bei der Schnecke aufgestellt. Das Regiment hatte nun seit den 9ten kein Brot und seit den 11ten wenig, zum Teil gar kein Futter. Es war also unumgänglich notwendig, nach allen Orten Kommandos nach diesen Bedürfnissen auszuschicken, jedoch ohne Erfolg, indem entweder nichts zu haben oder die Preußen nichts verabfolgen ließen. Am nämlichen Tag wurde der Leutnant von Grünewald nach Weimar geschickt, um mit denen Brotwagen Brot und Fourage zu holen, welcher auch 150 Brote zum Regiment schickte; er selbst aber wurde mit seinem Kommando zersprengt, schloss sich in der Folge an die Equipage an und ging mit selbiger nach Magdeburg, wobei auch einige Brot Wagen verloren gingen.

Am andern Tag, als den 13ten Nachmittags, rückte die Kavallerie aus. Es wurde hinter den linken Flügel und im Rücken verschiedentlich gefeuert. Vor unserer Front war alles ruhig und kein Feind zu sehen, nach einigen Stunden rückte die Kavallerie wieder ein. Während dem Ausrücken ließen Se Durchlaucht der Fürst von Hohenlohe sagen, dass das Regiment in Weimar und wenn da nichts zu bekommen in Apolda Brot, Fourage und andere Lebensmittel fassen sollte, worauf ich sogleich den Leutn: von Heldreich nach Weimar schickte, um solches zu bewerkstelligen. Derselbe schickte zwar aus einem preußischen Magazin 400 Stück Brote, welche er aber mit 16 Tl.

16 Gr. bar bezahlen musste und dieses ist, nebst denen vorher angeführten 150 Broten, welche ich aber an die reitende Batterie, welche seit 5 Tagen kein Brot gehabt hatte, abgegeben, das einzige, so ich erhalten.

Der Leutn: v.Heldreich ist nun in Verfolg fernerer Bemühungen, Fourage zu erhalten, ebenfalls mit seinem Kommando zersprengt worden und hat sich in Magdeburg zur Equipage gefunden, worüber beide Offiziers am besten selbst Auskunft werden geben können.

Am andern Morgen, als den 14ten Okt:, rückte die Kavallerie mit Tagesanbruch abermals in der neulichen Ordnung aus, wie sie kampiert hatten. Das Regiment hatte die reitende Batterie auf den rechten und das Albert'sche Regiment auf den linken Flügel und war nach Abgang aller Kommandierten und Maroden noch 308 Pferde stark. Ohngeachtet man vermutete, dass es wie am vorigen Tag bei bloßen Posten Gefechten verbleiben würde, so wurde doch das Kanonen Feuer im Rücken des Lagers immer stärker. Die Regiments Equipage wurde mit einem Kommando unter dem Leutn: v.Goerschen zurückgeschickt, welche aber ebenfalls in der Folge zerstreut und größten Teils genommen und geplündert wurde. Die mir links stehende Kavallerie marschierte bald darauf ab und das Regiment setzte sich in die linke Flanke. Kurz darauf wurde auch die mir rechts gehaltene reitende Batterie befehligt, dem Albrechtischen Regiment zu folgen. Das Carabinier Regiment blieb bis ohngefähr 2 Uhr in seiner bisherigen Stellung, worauf es ebenfalls Befehl erhielt vorzurücken und in der Folge eine schwere Batterie zu decken. Kaum war das Regiment auf beiden Seiten der Batterie aufmarschiert, so hatten wir eine kleine Kanonade auszuhalten, wobei aber niemand blessiert wurde. Gleich darauf wurden die 2 Eskadrons des linken Flügels von einigen Eskadrons feindlicher Dragoner attackiert, von denen 2 Eskadrons des rechten Flügels aber en flanque genommen und mit ansehnlichen Verlust zurückgeschlagen, wobei auch verschiedene Gefangene gemacht wurden; so aber bei der folgenden Retraite größtenteils wieder entkamen. In dieser Attacke wurde der Estandart Junker Sode von der zweite Eskadron vom Pferd gestochen und die Standarte ging verloren, wurde aber von dem Wachtmeister May von der Rottenburgischen Kompanie und den Korporal Marcos von der Bergeschen Kompanie, jedoch mit Verlust des Estandart Riemens, wieder zum Regiment gebracht.

Nachdem sich das Regiment, welches durch Nachsetzen etwas in Unordnung gekommen, wieder formiert hatte, zog sich dasselbe, da die ganze Arme der Preußen schon retiriert hatte, solches auch besonders auf den rechten Flügel ganz umgangen zu werden bedroht wurde, über die Chaussee zurück, wo es abermals eine Attacke auf Chasseurs machte, um sich die Retraite nach Ketschau zu öffnen.

Als nun das Regiment wieder formiert und das Kochtitzky'sche Regiment dazu gekommen und sich auf unsern rechten Flügel gesetzt, auch der General v.Rüchel hatte sagen lassen, dass die Kavallerie sich nochmals auf der Höhe zeigen möchte, um den Feind zu imponieren, indem er solche mit seinem Korps unterstützen würde, wurde das Regiment sowie das Kochtitzky'sche Regiment von 2 Eskadrons feindlicher Cuirassiers attackiert, solche von uns repoussiert, und da wir ganz in der rechten Flanke bedroht wurden, die Retraite ziemlich schnell gegen gegen Apolda fortgesetzt.

Als wir wohl eine halbe Stunde retiriert hatten, stießen wir auf eine preußische Kolonne, welche in voller Retraite war, dass, bei längerem Warten, gewiß auf keine preußische, vorher versprochene, Unterstützung zu rechnen war.

Da die übrige fernere Retirade über Buttelstedt, Sömmern, Weißensee, Oldisleben, Riestädt, Mansfeld, Hettsädt und Azendorf nach Barby in Gegenwart Ew: Hochwohlgeboren geschah, so glaube ich keine weitere detaillierte Meldung darüber machen zu dürfen.

In Pemelde bei Barby erhielt ich unter dem 20ten Okt: den Befehl, alle Feindseligkeiten gegen französische Truppen einzustellen, worauf das Regiment am 22ten nach Ilberstädt bei Bernburg marschierte. Unterwegs begegnete ich verschiedenen Eskadrons französische Chasseurs, welche uns, auf meine Versicherung, dass uns die Neutralität zugestanden sei, ruhig marschieren ließen.

In Ilberstädt erhielt ich die traurige Nachricht, in Bernburg Pferde und Seitengewehre abzugeben, welches auch den andern Tag geschah und das Regiment Befehl erhielt, den nächsten Weg in seine Standquartiere einzuschlagen.

Da es nicht möglich war, auf der Stelle, wo die Pferde abgegeben wurden und eben so wenig in denen folgenden ausgeplünderten Dörfern Wagen zu erhalten, so gingen gleich auf den ersten Marsch, da die Leute äußerst fatiquiert waren, der größte Teil der Karabiner und Pistolen verloren.

Was das Regiment an Toten, Vermissten und Blessierten gehabt, habe bereits Sr: Exzellenz dem kommandierenden General gemeldet sowie die Anzeige des feindlichen Verlustes des ehesten einreichen werde.

## Bericht Regiment - Oberst von Feilitzsch[17]

Ew: Hochwohlgeboren ermangele nicht andurch gehorsamst zu melden, wie mir der Korporal Burkhard von der Leib Kompanie angezeigt, dass er die in der Schlacht bei Jena durch die Blessur des Estandart Junker Sode, verloren gegangene Estandarte zuerst aufgehoben, solche an den Wachtmeister May von der Rottenburgschen Kompanie gegeben, welcher sie nun an den Korporal Marcks von der Bergischen Kompanie übergeben.

---

[17] An Sr: des Herrn General Leutnant von Zezschwitz Hochwohlgeboren ganz gehorsamste Meldung, Pegau am 13ten Nov: 1806

# Teil III

## Regiment Prinz Albrecht Chevauxlegers

**Teil III  Regiment Prinz Albrecht Chevauxlegers**     Seite

## Bericht Regiment - Oberst von Barner[18]

Nachdem das Regiment Herzog Albert chev: legrs nach erhaltenen Befehlen seinen Marsch über Torgau, Döbeln, Waldheim, Altenburg und Gera fortgesetzt hatte, traf es den 9ten Oktbr: bei Roda, wo das sächs: Hauptquartier war, ein. Es wurde befohlen, dass das Regiment sich zum kampieren einrichten und auf 6 Tage Brot in Neustadt fassen sollte, zu welchem Ende ich denn auch die Brot-wagen gegen Abend abschickte, aber noch nicht einmal das volle Bedürfnis auf 2 Tage erhielt, weil keins mehr da war. Eben so war auch in Jena keins mehr zu erlangen, wodurch vom 12ten bis 16ten Oktbr: Mangel an Brot und allen Lebensmitteln herrschte - hungrig ging der Soldat zur Bataille.

Den 10ten früh zog sich das Regiment bei Querl ohnweit Roda zusammen, schickte die Bagage nach München-bernsdorf zurück und marschierte laut Disposition in die Position nach Mittel Pöllnitz, wo es gegen Mittag eintraf und sich neben das Regiment Kochtitzky Cuir: rechts en Linie setzte. Die Affaire hinter Neustadt erregte Aufmerk-samkeit, das Regiment setzte eine Feldwacht aus, auch wurden 2 Offiziers, die Prem: Leut: von Helbig und Stünzner, jeder mit 20 Pferden abgeschickt, um Nachricht vom Feinde einzuziehen, aber nichts weiter, als einzelne französische Husaren trafen, mit denen sie blänkelten, aber keine Gefangenen machen konnten.

Gegen 5 Uhr Abends kam der Befehl zum Rückzuge nach Roda. Das Regiment musste sich an das Grenadier Bataill-lon von Lichtenhayn anschließen, um mit selbigen die Arriere Garde zu machen, welche weiterhin aber das Re-

---

[18] Sr Exzellenz des kommandierenden Herrn General von Zezschwitz; Lübben am 2ten Dezbr: 1806

giment von Polenz chev: leg:, welches noch nachkam, übernahm. Gegen 12 Uhr Nachts trafen beide Regimenter wieder ohnweit Roda ein und biwakierten zwischen Querl und Mörsdorf.

Den 11ten früh mit Tagesanbruch brach ich mit dem Regiment Albrecht wieder auf und marschierte über Roda nach Jena. Wie meine Avant Garde schon den Markt passiert war, kam ein Lärm, dass die Franzosen da wären, niemand wusste wo? Ich wollte mit dem Regiment meiner Bestimmung nach vorwärts, musste aber über Hals und Kopf, um denen Kanonen, die in die Pferde herein fuhren, Platz zu machen, zurück auf der Straße nach Roda, wo ich 1/2 Stunde von Jena auf den Anhöhen neben der Chaussee bei der übrigen dort versammelten sächsischen Kavallerie aufmarschierte. Man hörte und sah nichts vom Feind und erfuhr endlich durch abgeschickte Patrouillen, dass es nur ein blinder Lärm gewesen wäre, wodurch indes die ganze noch zurück gebliebene Bagage in Verwirrung geriet. Die Kavallerie brach wieder auf, passierte Jena und biwakierte dicht hinter der Stadt an denen Weinbergen bis Abends 10 Uhr, wo die Regimenter noch auf die Schnecke rücken mussten und

den 12ten früh ein Lager bei Isserstädt schlugen. Mittags musste eine Feldwacht ausrücken, wozu das Regiment 1 Capitain, 1 Offizier und 50 Pferde gab, die den 13ten Abends spät erst wieder einrückte. Nämlichen Tags Nachmittags rückte der Major von Kleist auf Befehl des Fürsten von Hohenlohe mit 200 Pferden von Kochtitzky, Albrecht und Polenz aus, um eine Rekognoszierung zu machen, wie beiliegender Rapport sub A des mehreren besagt und rückte nach Mitternacht wieder ins Lager ein.

Den 13ten früh musste 1 Eskadron unter den Befehlen des Major von Bünau eine schwere sächsische Batterie auf der Schnecke decken und rückte spät Abends wieder ins Lager.

Gegen Mittag rückte ich mit denen 3 übrigen Eskadrons aus dem Lager und setzte mich hinter 14Heiligen ganz auf den linken Flügel des Treffens, Dornburg in meiner linken Flanke. Das Regiment von Polenz, das schon da stand, zog sich weiter rechts, neben mir standen 5 Eskadrons von Gettkandt Husaren. Ich setzte eine Feldwacht von 1 Offizier und 30 Pferden gegen Dornburg aus, welche die Saale fleißig patrouillieren musste. Es war da nichts vom Feind zu sehen, aber nach eingezogenen Nachrichten zogen sich feindliche Truppen in dem Holze, jenseits der Saale über Dornburg, zusammen.

Die preußische leichte Infanterie, die an der Saale unter den Befehlen des Generals von Pellet stand, scharmuzierte mit dem Feinde. Gegen 7 Uhr Abends aber ward alles ruhig, ich zog die Feldwacht etwas zurück, ließ öfters Patrouillen gehen, die nichts feindliches mehr bemerkten und erhielt gegen 9 Uhr Befehl, wieder ins Lager zu rücken, wo ich gegen 1/2 11 Uhr eintraf.

Den 14ten früh um 5 Uhr musste auf Befehl die 1ste Eskadron wiederum auf die Schnecke zu Deckung der Batterie rücken, die übrigen 3 Eskadrons hielten sich zum Ausrücken parat.

Es war befohlen, Brot auf 9 und Fourage auf 6 Tage in Weimar zu fassen, weshalb ich denn gleich den Pr: Leut: von Hübel mit die Brot Wagen abschickte und zur Fourage unterwegs in denen Dörfern Wagen aufzutreiben anbefahl. Er fand dort von beiden keine Vorräte, ward indes durch Vertröstung, noch etwas zu bekommen, aufgehalten und verlor nachher im Gedränge die Brot Wagen so wie der Pr: Leut: von Zschertwitz die leichte Bagage des Regiments, wie beiliegende Rapports sub B und C besagen.

Gegen $1/2$ 8 Uhr früh rückte ich mit denen übrigen 3 Eskadrons auf Befehl des Herrn General Leutnants von Zezschwitz über Isserstädt vor, wo ich noch die 3te und 4te Eskadron zur Deckung der dort platzierten sächsischen Batterien verteilen musste, mithin nur die 2te Eskadron unser Kommando des Major von Kleist übrig behielt, weswegen ich denn auch die Rapports der Eskadrons Kommandanten, die für sich einzeln agierten sub D, E und F ganz gehorsamst beilege.

Mit dieser Eskadron setzte ich mich weiter herunter gegen 14heiligen und schloss mich an 2 Eskadrons von Kochtitzky Cuir: und 1 Eskadron vom Regiment Polenz an, die den Angriff der preußischen Infanterie auf nur gedachtes Dorf, welches schon vom Feind genommen war, bald darauf von den Preußen in Brand gesetzt ward, decken mussten.

Die Eskadron war dem Kanonen und Kartätschen Feuer dort über 5 Stunden lang ausgesetzt, wo auch 3 Gemeine tot geschossen und viele Leute und Pferde blessiert wurden.

Wir veränderten die Stellung etwas links ziehend, da wir aber immer mehr durch das Holz, von Dornburg her, vom Feinde überflügelt wurden, die Infanterie, welche sich verschossen und viele gelitten hatte, auch zurück wich, so zogen wir uns gegen Romstedt und weiter hin auf der Anhöhe zwischen Oberndorf und Wiegenstädt[19] zurück.

---

[19] Bleistiftanmerkung von dritter Hand: *„Wiegendorf"*

Kaum waren die Eskadrons dort aufmarschiert, so kam eine Kolonne französischer Chasseurs, die in die Flanke genommen und geworfen ward, wobei die Eskadron von Albrecht recht brav einhieb und 6 bis 8 Gefangene machte. Sie hatte sich noch nicht einmal recht gesammelt, so kam hart an denen Garten Mauern von Wiegenstädt ein starker Trupp feindlicher Dragoner, die mit denen sächsischen Husaren engagiert gewesen waren und wollte hinter uns weggehen. Die Eskadron, mit etwa 30 Mann von Kochtitzky, hieb auf sie ein, tötete an 10 bis 12 Mann und machte verschiedene Gefangene, worunter auch ein Offizier war, der das Zeichen der Ehrenlegion trug. Ich rufe dem Dragoner, der ihn führte, den ich mir aber in dem Augenblick nicht merken konnte, noch zu, dass er ihm Pardon geben sollte, wie aber die Eskadron sich sammelte, war dieser Mann mit dem Gefangenen nicht da, wahrscheinlich war er mit ihm ins Dorf hinein geritten, wo ihn die Franzosen, die noch darinnen steckten, denselben wohl wieder abgenommen haben mochten.

Sämtliche Eskadrons sammelten sich wieder, schlossen sich an das Carabinier Regiment an und setzten sich auf die Anhöhe von Rösdorf, zogen sich aber nachher gegen Ullrichshalben zurück, wo die Eskadron von Albrecht die Queue der Kolonne hatte, die unvermutet von einer Anhöhe herunter von einigen Schwadronen feindlicher Cuirassiers angegriffen, auch auf diese einhieb, sie stutzig machte, jedoch wegen der Übermacht sich gleich wieder zurück ziehen musste und ohne weiter vom Feind verfolgt zu werden, sich auch bald wieder setzte. Bei dieser Gelegenheit wurde dem Sous Leutnant von Stutterheim 1ste, welcher an diesem Tage zur Ordonnanz bei Ihro Durchl: dem Fürsten von Hohenlohe kommandiert war, selbigen jedoch, nachdem er verschickt war, nicht wieder

finden konnte und sich daher bei meiner Eskadron ange-
schlossen hatte, das Pferd erschossen und er selbst durch
die Entschlossenheit des Dragoners Boehmer von der
Lessingschen Kompanie noch gerettet, wie beiliegender
Rapport sub G, der zugleich das mutvolle und rühmliche
Benehmen des Dragoners Berndt schildert, des mehreren besagt.

Nachdem die Eskadron sich wieder vor Ullrichshalben
formiert hatte, vom Feind nicht weiter verfolgt wurde
und die Gefangenen, 13 an der Zahl, durch den Leut:
Grahl mit einer Bedeckung  voraus geschickt waren, passierte ich dort die Ilm, schloss mich an das preußische
Cuir: Regiment von Holzendorff an und marschierte mit
selbigem bis vor Buttelstedt, wo die preußische Bäckerei
lag. Gedachtes Regiment empfing dort Brot, ich bekam
auf die Eskadron auch noch ein Restgen, um vor der
Hand den Hunger zu stillen, ließ meine Blessierten durch
einen preußischen Chirurgus verbinden, brachte noch
etwas Hafer zusammen, die ermatteten Pferde zu füttern
und marschierte über Buttstädt, wo ich den Major von
Petrikowsky mit einem Teil seiner Eskadron nebst weniger gesammelten Mannschaft vom Regiment an mich
zog, bis Brambach, wo ich bis zu Anbruch des Tages biwakierte.

Den 15ten früh brach ich mit beiden Eskadrons auf und
marschierte über Kölleda bis Weißensee, wo der Leut:
Grahl mit denen vorausgeschickten Gefangenen zu mir
stieß. Ich fasste allda Fourage, hielt mich lange auf, um
Befehle, wo sich die Armee setzen sollte, einzuholen,
konnte aber weder das Hauptquartier noch sonst etwas
erfahren und ging bis Kirchengel, wo ich Nachtquartier
nahm.

Den 16ten früh ging ich bis Nordhausen, wo ich die Ankunft des Fürsten von Hohenlohe erwartete, die 13 französischen gefangenen Chasseurs und Dragoner inkl. 2 Marechals de Logis und 4 Brigadiers auf die preußische Hauptwache abgab und spät Abends den Befehl erhielt, in Stempeda einzurücken, allda zu rasten und das Regiment zu sammeln. Zu diesem Ende schickte ich den Fahnjunker Horn an den Oberstleutnant von Mangold nach Frankenhausen, wo selbiger sich mit denen übrigen beiden Eskadrons befinden sollte, mit einer Ordre, dass er zu mir stoßen möchte, ab; es kam aber der Fahnjunker nicht wieder zurück, die Eskadrons trafen auch nicht ein, mithin musste ich auf die Ordre des Fürsten von Hohenlohe meinen Marsch dergestalt einrichten, dass ich den 20ten in Magdeburg einträfe,

den 17ten N.Mittag wieder aufbrechen und bis Bernroda[20],

den 18ten bis Baderborn,

den 19ten bis Seehausen und

den 20ten bis Colbitz marschieren. Auf diesem Marsch hatte ich auch den Prem: Leut: von Großmann von der reitenden Artillerie mit 1 Kanon und 1 Munition Wagen an mich gezogen, der aber nachher beim Übergang über die Elbe wieder von mir getrennt ward. Nach einen, vom Major von Kleist aus Magdeburg eingeholten Befehl, sollte ich den 21ten mit ins Lager bei Magdeburg rücken, ohnerachtet ich weder Zelter noch sonst etwas vom Lager

---

20 Bleistiftanmerkung von dritter Hand: „NB: Hätte das Reg. den 17. früh einen Offz. Zum Befehl nach Nordhausen geschickt, so würde es die wahre Marschdisposition auf Magdeburg erhalten haben.“

Apparat bei mir hatte. In der Nacht erhielt ich aber die Ordre, nach welcher[21] ich

den 21ten die Elbe bei Sandfurth passieren und in der Gegend von Genthin, wo das preuß: Hauptquartier war, katonieren sollte. Da ich bei Sandfuth wegen der vielen dort schon zum Übersetzen versammelten preußischen Kavallerie Regimenter des andern Tages erst hätte herüber kommen können, so ging ich weiter unterwärts nach Ferchland, wo ich eine unbesetzte Fähre fand, die Elbe passierte und mich nach Alt Plato legte.

Den 22ten musste ich dies Dorf räumen, weil es für 6 preuß: Bataillons angewiesen war und dagegen Schmidtsdorf beziehen, wo ich

den 23ten rastete.

Den 24ten wurde mir Hohennauen zum Nachtquartier angewiesen, wo ich den Major von Engel mit denen gesammelten Mannschaften von denen Regimentern Prinz Johann, Kochtitzky, Clemens, Husaren mit 2 und Kommandierte von Prinz Xavier mit 1 Bagage Wagen an mich zog.

Den 25ten musste ich nach Dreetz,

den 26ten nach Luichfeld rücken, woselbst ich auf den Befehl des Generals von Blücher zur Arriere Garde, die der preußische General von Usedom kommandierte, bestimmt war. Hier erhielt ich Nachts die Nachricht von der anerkannten Neutralität Sachsens und ging

den 27ten früh, nachdem ich zuvor meine Meldung an den Fürsten von Hohenlohe , Generals von Blücher und von Usedom wegen meines Abgangs gemacht hatte, zu-

---

[21] Bleistiftanmerkung von dritter Hand: *„von wem?"*

rück nach Dreetz, wo ich den Major von Schleinitz, der noch mit ca. 60 Pferden in Neustadt zurück war, an mich zog und

den 28ten über Rathenau bis Schmidtsdorf pp. ging, Abends aber, weil ich in die französischen Kolonnen kam, wieder nach Rathenau rücken, allda die bereits bekannte Kapitulation mit dem Marschall Soult Exzellenz abschließen musste und

den 29ten nach Bamme,

den 30ten nach Brandenburg,

den 31ten nach Böltzig, woselbst ich

den 1sten Novbr: rastete,

den 2ten die Detachements der übrigen Regimenter nach ihren Garnisons abschickte, mit meinen beiden Eskadrons aber nach Jüterbog,

den 3ten nach Dahme, allwo

den 4ten Rast war und

den 5ten Novbr: in die Garnison rückte.

Soviel ich selbst Augenzeuge gewesen bin, muss ich Ew Exzellenz untertänig versichern, dass jeder Offizier sowie auch die Unteroffiziers und Gemeinen sich nicht allein am Tag der Bataille als brave Männer gezeigt, sondern auch vor und nach derselben ihre Schuldigkeit pünktlich erfüllt haben. Das sich manche vorzüglich ausgezeichnet haben, erhellet aus denen beigefügten Rapports, wo besonders der Major von Petrikowsky einige Unteroffiziers bemerkbar macht, besonders aber auch wünscht, dass dem Korporal Mende wegen seines erbeuteten Pferdes, womit sich der Korporal Krahmer nach Verlust seines Dienstpferdes beritten gemacht, aber auch wieder verloren hat, einige Entschädigung zufließen könnte, welches ich Ew Exzellenz hohen Ermessen und Dero gnädigen Vermittlung, lediglich anheim stellen muss. Auch die bei der schnellen Retraite, wo anfänglich die Leute Tag und Nacht fatiquiert wurden, ließen sie sich, und selbst die leicht Blessierten, unverdrossen und mutvoll sowohl auf Feldwachten und Patrouillen, als in allen übrigen Dienst finden und ohnerachtet ich nahe am Feind nicht die nötigen Signale durch die Trompete geben lassen konnte, so trug ich doch kein Bedenken, wenn ich Nachts oder bei Tages Anbruch aus denen Dörfern, wo ich ihnen einige Ruhe genießen ließ, ausrückte und mich in Verteidigung Stand gesetzt hatte, durch Appells die noch fehlende Mannschaft an mich zu ziehen, welche öfters das bestimmte Rendezvous nicht finden konnte oder die Zeit versäumt hatte, um die einmal Gesammelten zu erhalten.

Ew Exzellenz muss ich nicht die ausgezeichnete Sorgfalt und das mutvolle Benehmen des Leutnants und Regiments Quartiermeisters Canzler, dessen Meldung hierüber sub H ich ebenfalls untertänigst überreiche, anrühmen, wobei denn auch der Wagenmeister Dammüller und der Korporal Klaeber von meiner Kompanie sich brav, wachsam und unverdrossen bewiesen haben, dass dadurch nicht allein die Regiments, sondern auch die Kompanie Kassen erhalten worden sind. Er hat hierbei mit der größten Anstrengung das höchste Interesse mit Verachtung aller Gefahr vor Augen gehabt, die Sorge für sein Eigentum darüber vernachlässigt und dadurch einen, für ihn unüberschaubaren Verlust laut Spezifikation erlitten.

In denen jetzigen Verhältnissen kann ich ihm freilich keine Hoffnung machen, dass Ew Exzellenz sich in Betreff einiger Entschädigung für ihn zu verwenden geruhen möchten, jedoch schmeichelt er sich, dass Hoch Dieselben gelegentlich ihm Dero gnädige Fürsprache höchsten Orts nicht versagen werden, wozu ich ihn, meiner Pflicht gemäß, empfehlen muss und selbst ganz gehorsamst darum bitte.

––––––

A

### Rapport Kommando - Major von Kleist[22]

Ew: Hochwohlgebr: ermangele nicht über die Patrole so mir von Sr Durchl: den Fürst von Hohenloh am 12ten Oktbr: bei Jena mit 200 Pferden aufgegeben ward, gehorsamsten Rapport abzustatten. Meine Bestimmung war Nachricht einzuholen, wie weit der Feind von der Seite von Gera vorgedrungen sei und wo möglich einige Gefangene zu machen. Zu dem Ende hatte ich Befehl erhalten, über Jena, Lobeda, Drackendorf gegen Roda bis Moersdorf vorzugehen.

Zu gleicher Zeit war mir aufgetragen, eine Seiten Patrole über Zichenhain, Groeben und Goernewitz abzuschicken; hierzu bestimmte ich den Rittmeister von Moerner vom Regiment Kochtitzky.

Allein ich erreichte nicht Lobeda sondern stieß eine halbe Stunde hinter Jena schon auf den Feind. Eine viertel Stunde hinter der Stadt waren zwei preuß: Füsilier Bataillons aufgestellt, die mich von der Nähe des Feindes, welche durch ihre Wachtfeuer deutlich zu bemerken waren, benachrichtigten. Da ich aber die Absicht hatte, einige Gefangene zu machen und die Finsternis mich begünstig-

––––––––––––

22 Sr des Herrn Obrist und Kommandant von Barner Hochwohlgebr:, Lübben d. 18ten Nov. 1806

te, so schlich ich mich in Begleitung des Hr: Leut: von Helbig und 6 Mann so nahe als möglich an ihre Vor Posten, wurde aber entdeckt und bekam, da ich mir in der Mitte des Feindes befand, ein entsetzliches Gewehr Feuer, jedoch ohne dabei etwas zu verlieren. Ich replizierte mich dahero auf mein Kommando, welches bei den preuß: Füsilier Bataillons hatte stehen lassen und erwartete den Rittmeister von Moerner, welcher bis Groeben mit seiner Patrole vorgegangen und von Feinde nichts angetroffen hatte. Nach dessen Ankunft trat ich den Rückmarsch nach den Lager an und kam den andern Morgen gegen 1 Uhr daselbst an.

------

**B**

### Bericht Kommando - Premierleutnant von Hübel[23]

Nach dem mir von Ew: Hochwohlgebr: übertragenen Kommando, Brot und Fourage in Weimar zu fassen, traf ich früh gegen 9 Uhr daselbst ein. Ich wurde von den preuß: Kriegs Rat v.Nurth (?) sowohl als den Intendanten Oberst Leut: v.Prittwitz mit der Eröffnung, dass nichts zu fassen vorhanden wäre, abgewiesen. Den nämlichen Bescheid hatten alle sächs: und mehrere preuß: zu gleichem Behuf kommandierte Offiziere erhalten.

Auf die nachdrücklichsten und wiederholten Verwendungen an alle Instanzen erhielt ich endlich vom Intendanten das Versprechen, dass er wenigstens ein 2tägiges Bedürfnis an Brot und Hafer auszumitteln suchen wolle, ersteres könne erst gegen 1 Uhr eintreffen und das letz-

------

[23] Sr Hohwohlgebr: den Herrn Obersten und Kommandant des Regiments Prinz Albrecht Chev: leg: von Barner; Lübben 14ten Novbr: 1806

tere müsse er 2 und 4 Scheffelweise aus der Stadt zu-sammentreiben, daher ich ihm mehrere Stunden Zeit las-sen müsse.

Gegen Mittag gingen die ersten unverbürgten Gerüchte von dem Verlust der Schlacht ein, gegen 1 Uhr kamen die Versprengten schon truppweise und ununterbrochen ging sehr eilig Fuhrwesen durch die Stadt. Ebenso wurde alles Preußische, in der Stadt befindliche Fuhrwesen ei-ligst bespannt und wer Pferde zum flüchten hatte, verließ die Stadt.

Des Nachmittags zwischen 2 und 3 Uhr näherte sich das Feuer auffallend, so dass der Lärmen und die Unruhe auf dem Markt und Straßen den höchsten Grad erreichte. Ganze Kolonnen Fuhrwerk, Munitionskarren, Equipage fuhren im Galopp durch die Straßen, Kavallerie Trupps sprengten mit gezogenen Säbel durch und ritten ihre ei-gene fliehende Infanterie nieder.

Ich bedauerte die Stadt nicht früher mit meinem Brot Wagen Kommando verlassen zu haben, wozu ich mich vorher, bei dem mir bekannten Zustande des Regiments nicht entschließen konnte, welches aus Mangel an Brot und Fourage beinahe schon unfähig gewesen war, Diens-te zu leisten.

Unter den angeführten Umständen war jedoch von nun an, an keine Fassung mehr zu denken, die ich bis dahin unablässig, aber eben der Unruhe wegen, fruchtlos be-trieben hatte.

Ich gab Befehl, dass die Wagen, wie sie könnten, vor die Stadt rücken sollten, Ordnung und Zusammenhalt war nicht mehr zu bewerkstelligen, aus allen Seitenstraßen fuhren die Kolonnen von Geflüchteten zwischen ein, wo-durch die Wagen sehr bald getrennt wurden; ich selbst konnte mir nicht anders als mit gezogenen Degen mit Platz verschaffen. Vor der Stadt versuchte ich indes die Wagen wieder zu sammeln, wozu ich mir umso mehr Hoffnung machte, da ich erfuhr, dass vor der Stadt flaches Feld wäre. Allein hier musste ich meine letzte Hoffnung aufgeben, das flache Feld wurde von dem fliehenden Fuhrwesen benutzt, um eins dem andern zuvor zu kommen, wer besseres Gespann oder leichteres Fuhrwerk hatte fuhr vor, so dass öfters 10 bis 20 Wann in einer Front fuhren, zwischen durch sprengte preußische Kavallerie, an kein Zurufen war hier, wo vielleicht tausend Menschen schrien, nicht zu denken; wer hätte wollen halten bleiben, wäre unfehlbar gerädert oder überritten worden, mein eigener Reitknecht war nicht im Stande, sich bei mir zu erhalten, sondern musste mich verlassen und ich habe denselben erst in Torgau wieder gefunden.

Die Brotwagen verloren sich sehr bald in dieser Masse von Fuhrwerk, welches vor der Stadt sich nach und nach in verschiedenen Kolonnen auf allen rückwärts führenden Straßen verteilte, ich selbst folgte einer dieser Kolonnen und traf Abends spät in Schloss Vippach ein, wohin sehr viel Equipage den Weg genommen hatte. Mein Pferd, welches ich schon Tags vorher übermüht hatte, konnte nicht mehr von der Stelle, die Nacht war überaus finster und ich selbst so entkräftet, dass ich an kein ungewisses Aufsuchen der Wagen mehr denken konnte. Ich nahm daher nebst mehreren sächs: Offiziers und Mannschaften Quartier in Frohndorf bei Schloss Vippach.

Der Zug von Equipage war während der Nacht ununterbrochen fort gegangen und sah am Morgen darauf meist lauter preuß: Train und marschierte mit ungefähr 40 bis 50 Mann von allen sächs: Kavallerie Regimentern und mehreren Offizier nach Bendeleben, allwo ich den 15ten übernachtete.

Von da über Heringen nach Nordhausen, woselbst ein Sammelplatz des sächs: Korps sein sollte, von dem aber nur einzelne Trupps ankamen. Ich schloss mich da an den Oberstleut: von Mangoldt vom Regiment Polenz an. Auf der Straße von Nordhausen nach Ellrich fand sich auch der Capit: von Süßmilch zu diesem Trupp, welcher von Ellrich seinen Marsch über Beneckenstein, Halberstadt nach Magdeburg nahm. Vor Magdeburg marschierte dieser melierte Kavallerie Trupp nach Walter Nienburg, um dort die Elbe zu passieren, um weitere Verhaltungsbefehle und die Quartiere des Regiments zu erfahren, nach dem bereits die Nachricht von dem Aufenthalt des kommandierenden Hr: Generals von Zezschwitz in Barby, als auch die von der anerkannten Neutralität der sächs: Armee eingegangen war.

Nach erstatteten Rapport an Se Exzell: erhielt diese, bis zu ungefähr 76 Pferden angewachsene Kavallerie den Befehl, sich an das in Gommern stehende Regiment v.Polenz anzuschließen. Wir marschierten dahin und von da unter Befehl des Gen: Leut: v.Polenz über Zerbst nach Dessau, nach erfolgter Übergabe der Pferde daselbst nach Thalheim, woselbst uns die Nachricht zukam, dass sämtliche Regimenter ihre Standquartiere bezögen.

Bei der Überzeugung, dass das Regiment, um dahin zu gelangen, Torgau notwendig passieren müsse, ging ich von Thalheim dahin voraus, um dort das Regiment zu erwarten und mir einige der dringendsten Bedürfnisse zu verschaffen, da mein Anzug noch derselbe seit dem 14ten Oktbr: war.

Das Regiment traf den 26ten daselbst ein, ich schloss mich in denen, vom Regiment bei Torgau bezogenen Quartieren an dasselbe an und übernahm das Kommando der Leib Eskadron, mit welcher ich am 1sten Novbr: in hiesiger Garnison eingerückt bin.

---

C

### Bericht Kommando - Premierleutnant von Zschertwitz[24]

Ew: Hochwohlgebr: unterm 12ten Nov: mir erteilten Ordre zu gehorsamster Folge, verfehle ich nicht über die mir am 14ten Oktbr: anbefohlene Führung der Equipage meinen untertänigsten Rapport folgendermaßen gehorsamst abzustatten.

Am 14ten Oktbr: führte ich die mir anvertraute Equipage des Regiments Prinz Albert über Kapellendorf nach Weimar, wurde aber durch das Vorrücken der Rüchelschen Armee gehindert, Weimar zu passieren. So wie in der Folge der außerordentliche Drang der sämtlichen Equipage der retirierenden Preuß: und Sächs: Armee einen ununterbrochenen Marsch durch Weimar, da die Passage zu beschränkt ist, um mehrere Kolonnen nebeneinander fassen zu können, unmöglich machte und ich musste aller angewandten Mühe ohngeachtet mein Kolonne gebrechen, teils vorwärts marschieren, teils zurück bleiben sehen.

Um die mögliche Vereinigung der Kolonnen bewirken zu können, gab ich den vormarschierenden Teil den Befehl, den Weg nach Buttelstedt zu halten und ich verfügte mich zu dem zurück gebliebenen Teil, um ihn wo möglich

---

[24] Se Hochwohlgebr: des Herrn Obersten von Barner; Lübbenau am 13ten Nov: 1806

nachzubringen; allein jeder Versuch missglückte und der Strom der retirierenden Truppen, besonders einige Trupps der beiden Preuß: Husaren Regimenter von Biela und Gettkandt drängten mich gewaltsam mit eigener Lebensgefahr durch Weimar und versicherten mich, dass jede Rettung der zurückseienden Equipage unmöglich wäre. Diese Unmöglichkeit der Rettung lag zu klar am Tage und ich sahe mich genotdrungen, solche aufzugeben. In dem größten Drange eilte ich auf dem Wege nach Buttelstedt, um wenigstens jene ich Sicherheit zu bringen, allein auch diese fand ich auf dem Wege dahin nirgends, vielmehr erhielt ich die bestimmte Warnung, nicht weiter zu gehen, indem Königs Armee geschlagen und Buttelstedt unsicher sei. Alles ward links über Kölleda dirigiert und die Gewalt der Menge Retirierenden riss mich mit fort und führte mich über Kölleda nach Oldesleben, ohne die geringste Nachricht von der Equipage erhalten zu haben.

In Oldesleben fand ich Hr: Leut: von Hübel und die Nachricht, dass das Reg: Albrecht bei Nordhausen stehen sollte. In Gemeinschaft mit diesem verfolgten wir den Weg dahin und stießen zum Hr: Oberst von Mangoldt vom Reg: von Polenz, an welchen wir uns anschlossen und über Benckenstein nach Halberstadt, durch Magdeburg nach Waldernienburg bei Barby marschierten. In letzten Orte trafen wir Hr: Major von Bünau und Hr: Hauptmann von Süßmilch. Ersterer verwandte sich an Hr: Gen: Leut: von Zezschwitz und bat um Auskunft vom Regiment und Verhaltungsbefehle. Der Hr: Gen: Leut: von Zezschwitz befahl uns, nach Gommern zu gehen und uns an den Hr: Gen: Leut: von Polenz anzuschließen, welches wir befolgten und mit ihm über Zerbst nach Dessau, wo wir einen französ: Pass vom Gen: Udinot erhielten, um von da den

Marsch nach Sachsen fortzusetzen und auf selbigen in Zweeta bei Torgau beim Reg: eintrafen.

———

D

### Bericht Kommando - Oberstleutnant von Mangoldt[25]

Auf erhaltene Ordre verfehle ich nicht, Ew: Hochwohlgebr: ohne Prunk der Worte und Weitläufigkeit ganz gehorsamst anzuzeigen, dass am 14ten Oktbr: a.c. früh, gleich nach dem Einrücken in die Linie auf dem Schlachtfeld bei Jena, der Hauptmann von Süßmilch mit meiner Kompanie zu Deckung einiger Kanonen von der leichten reitenden Batterie rechts vorwärts kommandiert worden, worüber beiliegender Rapport vom gedachten Hauptmann das mehrere besagt.

Unmittelbar nach dem Abgang meiner Kompanie ist auch die andere Kompanie meiner unterhabenden Eskadron zu eben diesem Behuf dergestalt kommandiert worden, dass sie ins erste Treffen zu Deckung der übrigen reitenden Batterie zu stehen kam.

In dieser Stellung blieben wir wohl einige Stunden unter dem Kanonenfeuer stehen, wobei der Trompeter von der Süßmilch'schen Kompanie von einer Kugel getroffen gleich tot blieb.

Rechts standen preuß: Füsiliers, die während dieser Zeit viele Blessierte und Tote hatten und sich nach diesen Verlust zurückzogen, welchen die Batterie von Großmann, nachdem sie fast unbrauchbar gemacht worden war, ebenfalls mit 2 Kanonen folgte und sich durchs zwei-

---

[25] An Sr Hochwohlgebr: dem kommandierenden Herrn Obersten von Barner; Standquartier Lübbenau am 14ten Novbr: 1806

te Treffen zurückzog. Sobald diese über die Höhe zurück war und ich mit dieser Kompanie, für welche ich mich vom Anfang an gesetzt hatte, wieder zum Regiment marschieren und anschließen wollte, kam ein Trupp von mehreren hundert Chasseurs, der um Vierzehnheiligen herum durchgebrochen sein musste, lebhaft auf mich zu und im Augenblick des Choqs, in einem Zwischenraum von 100 Schritten, wo ich ihnen eben so rasch entgegen ging, ließ ich in der Carriere links halten, um ihre Flanke zu gewinnen, welches auch dergestalt gelang, dass sie hart an meinem rechten Flügel vorbei choquierten und im Rücken mit unsern Säbeln begrüßt wurden, woran auch sogleich die Eskadron des Major von Petrikowski, die sich während der Attacke zu mir fand und auf meiner linken Seite war, Anteil mit aller Bravour nahm.

Die Franzosen waren in der Attacke ihrer Pferde nicht mächtig, auch taten ihre Schüsse während des Choqs nicht den mindesten Schaden, vielmehr wurden solche hinter dem ganzen Treffen hinunter, bis nach Isserstädt zu, verfolgt; in der Mitte des Schlachtfeldes aber teilten sich selbige und ohngefähr 100 Mann jagte, von unseren Leuten verfolgt, links rückwärts, nach Vierzehnheiligen zu, welche wahrscheinlich Oberstens Eskadron vom Regiment Albrecht in die Hände gefallen sein müssten; der größere Teil hingegen wurde fort verfolgt und nur wenige können unten am Dorfe durchgekommen sein.

Bei diesem Vorfall ist außer dem Premier Leutnant von Helbig, der durchs Bein geschossen wurde, meines Wissens weiter niemand blessiert worden.

Feindliche Pferde liefen in Menge auf den langen weiten Platz herum und da weiter herunter Dragoner und Husaren an diesem Gefecht teilnahmen, auch sogar die Infanterie aus dem ersten Treffen Rechtsum kehrt machte und auf sie schoss, welches für die Nachhauenden sehr gefährlich wurde, so ist zu behaupten, dass die allerwenigsten von denen, von einem gefangenen französischen Wachtmeister an 500 Mann stark angegebenen Chasseur Trupp, durchgekommen sind. In dieser Gegend unten im Tale, sammelte ich meine Leute, ließ durch den Feldscher Gerbing einige Gefangene, wovon 2 sogleich starben, verbinden und letztere nach Weimar transportieren, wo selbige auf dem Rathause daselbst abgegeben werden sollten. Nur mit etlichen 20 Mann der Versammelten eilte ich vorwärts und da alles wieder ruhig war, stieß ich zu dem Hauptmann von Süßmilch, der noch bei der Batterie stand und formierte die Eskadron, mit welcher ich diese Kanonen, bis sie zurückgingen, rechts und links deckte. In dieser Zeit war selbst der Brigade Major und Capitain von Gersdorff bei mir und in der Mittagsstunde kam ein Offizier vom General Rüchel, der von mir Auskunft von der Bataille und wo es am heftigsten zuginge, verlangte; die ich ihm in der Maße gab, dass er sich leicht davon überzeugen und selbst einsehen konnte, wie es nicht möglich war, sich länger zu halten, wenn nicht der linke Flügel besser unterstützt und diese Flanke vorzüglicher gedeckt würde.

Nach dessen Abgang mochte wohl mehr als eine Stunde vergangen sein, ehe die Retraite derer Linien anfing und nachdem auch diese Kanonen zurückgebracht waren, sah ich auf der Höhe, vom linken Flügel herein, alle Infanterie Regimenter Karree formieren, worauf ich mit meiner Eskadron dahin eilte, aber ehe ich michs versah, kam schon die französische Kavallerie aus dem Holze defiliert, davon die erste formierte Abteilung sogleich auf ein preußisches Dragoner Regiment, dass beim Erblicken der

Franzosen rechts um machte und im gestreckten Galopp davon ritt, einhaute, worauf ich, ohne mich zu besinnen, auf die Franzosen einhieb und es meines Schreiens ohnerachtet nicht bewirken konnte, dass die Preußen Front machten, daher es auch kam, dass, da die Preußen sich rechts nach der Chaussee in Carriere retirierten, meine Leute mit aller Macht angenommen wurden, wobei viele stürzten und Leute und Pferde verloren gingen: was aber eigentlich und besonders von meiner Kompanie tot, blessiert und vermisst worden, konnte man in diesen Augenblick nicht übersehen, nur beim Zusammentreffen, nach geendigten Einhauen, unten im Tale, fand sich, dass der größte Teil fehlte. Ich selbst war der Allerletzte, der von Chasseurs verfolgt, aus diesem Getümmel auf den Sammelplatz, unten am Dorfe, wo auch der Herr General Leutnant von Polenz sein Regiment formierte, ankam, von welcher Stelle aus ich hinter dem Regiment von Polenz, nachdem ich erst noch einmal mit meiner gesammelten Mannschaft aufmarschiert war, abmarschierte.

Der Marsch selbst ging nach Weimar zu und nachdem wir selbiges passiert hatten, entstand ein anhaltendes Geschrei: Franzosen kommen! worauf alles so unaufhaltbar durcheinander eilte, dass man nicht im Stande war, Halt zu machen. Auf der Höhe aber ließ ich halten und indem ich im Begriff war aufzumarschieren, kam der Fürst von Hohenlohe und mit ihm der Herr Oberst von Gutschmidt, der mir zurief, abzumarschieren und den Weg rechts einzuschlagen, worauf ich solchen verfolgte und nach 10 Uhr Abends in Erfurt ankam und mich daselbst nur so lange aufhielt, bis ich die zwei bei mir habenden blessierten Dragoner Fischer und Klehmann, welche nicht ohne Gefahr weiter zu transportieren waren, ins Lazarett abgeben konnte, so dann aber noch 2 Stunden über Erfurt nach Langensalza zu marschierte und mich in ein an der Straße liegendes Dorf legte, um zu füttern, bei Tagesanbruch aber wieder ab- und nach Langensalza zu marschieren, woselbst ich denn auch (*den 15ten Oktbr:*) gegen 10 Uhr Vormittags ankam.

Sobald ich daselbst anlangte, kam ein preußischer Offizier, der mir im Namen des Fürsten von Hohenlohe befahl, alle die da eintreffenden Preußen unter mein Kommando zu nehmen, ihnen die Stellung anzuweisen, um die Bagage zu decken.

Es mochten, außer denen von Prinz Johann zu mir gestossenen Chevaux Legers, wohl an 12 Abteilungen sein, die aus Husaren und Dragonern bestanden, welche ich alle en Linie aufmarschieren ließ, avancierte Posten vorsetzte und rechts und links mich durch aufgestellte Vedetten deckte. In dieser Stellung stand ich bis nachmittags 4 Uhr, als der nämliche Offizier wiederkam und mich fragte: ob ich mich getraute, die Bagage fernerfort zu decken und ich ihm antwortete, dass ich dieses ohne Infanterie nicht im Stande sei, zumalen mir weder das versprochene Brot für die Leute noch das Futter für die Pferde verabreicht worden wäre. Auf diese Antwort ritt er fort und kam kurze Zeit darauf mit dem Befehl wieder, dass der Fürst die Preußen abziehen würde und ich nach Frankenhausen zu marschieren könnte, welches ich mit dem, im selbigen Augenblick eingetroffenen, Oberst Leutnant von Trützschler auch sogleich befolgte und über Tennstedt und Sömmern nach Frankenhausen zu und von da über Oberröblingen nach Sangerhausen marschierte, welches mir von Se Exzellenz den kommandierenden Herrn General von Zezschwitz am 16ten Nachmittags, als ich mein Eintreffen durch den Leutnant von Gutschmidt melden ließ, zum Nachtquartier angewiesen wurde.

Wahrscheinlich war der Plan obiger Anstalt, entweder die persönliche Anwesenheit des Fürsten zu sichern oder die beste Bagage geschwind fortzubringen.

Zu Berichtigung des Rapports von dem Hauptmann von Süßmilch soll noch beifügen, dass diese Kanonen zuförderst zurück gebracht wurden, bei dem Einhauen und bei der Retraite aber erstlich in die Hände des Feindes gefallen sein müssen.

In den Nacht nach 1 Uhr, zwischen den 16ten und 17ten, erhielt ich von Se Exzell: dem kommandierenden Herrn General von Zezschwitz die Ordre, zeitig zu marschieren und ihnen in die Gegend Ritterode oder Heckstädt zu folgen, welches dergestalt befolgt wurde, dass ich den 17ten Vormittag über Mansfeld zu Heckstädt ankam und in das nahe gelegene Dorf Oberwiederstädt verlegt wurde.

Nach den Befehl vom 17ten war ich angewiesen, den 18ten in der Gegend von Stassfurt einzutreffen, so auch befolgt und durch einen vorausgeschickten Offizier, nach dem Hauptquartier Alzendorf, mir mein Quartier angewiesen wurde, welches ich aber, da ich solches durch ein ganzes preußisches Regiment besetzt fand, nicht erhalten konnte, sondern mich in das nahe dabei gelegene preußische Dörfchen Uilgnitz verlegen musste.

Der Befehl vom 18ten besagt, dass ich den 19ten früh um 7 Uhr beim Chaussee Hause, ohnweit Alzendorf, eintreffen soll, von wo aus der Marsch des ganzen Korps nach Barby zu erfolgte, Prinz Johann und Prinz Albrecht aber nach Wergleis verlegt wurde; daselbst versicherten wir uns gleich nach dem Einrücken der Fähren von Groß und Klein Rosenburg, welche fernerhin durch eine Feldwacht, unter Kommando eines Offiziers, gemeinschaftlich mit dem Regiment Kochtitzki, das in Tornitz stand, besetzt blieben.

Den 20ten war Rast und wir erhielten den Befehl, die Vorposten zu Einstellung aller Feindseligkeiten zu instruieren.

Nach der Mitternachtsstunde vom 20ten zum 21ten wurde gemeldet, dass die Franzosen in Kalbe eingerückt wären, worauf der Leutnant von Watzdorf von Prinz Johann mit 6 Mann dahin abgeschickt wurde, um sich von der Gewissheit zu überzeugen, dieser kam nach ohngefähr 2er Stunden allein zurück, denn die 6 Gemeinen hatten sie behalten und brachte die Gewissheit ihres Daseins, mit welcher er sogleich an Se Exzell: den kommandierenden Herrn General von Zezschwitz nach Barby, um mündlichen Rapport abzustatten, abgeschickt wurde.

Mittlerweile waren beide Regimenter schon vor das Dorf gerückt und marschierten, da es getagt hatte, nach Barby zu. Auf halben Wege sahen wir eine Abteilung Franzosen von Tornitz her nach Baby marschieren, davon ein Offizier zu uns kam, der da versicherte, dass sie keine Feindseligkeiten gegen uns ausüben würden.

Wir marschierten vor der Stadt auf, welches ebenfalls die Franzosen uns gegenüber taten und in dieser Stellung verblieben wir bis nach 1 Uhr, wo wir die Ordre erhielten, abzumarschieren und uns über die Saale bei Groß Rosenburg nach Debzig zu ins Köthensche zu ziehen und einen Offizier von jedem Regiment zurückzulassen. Wir marschierten, passierten bei Sonnenuntergang die Fähre bei Groß Rosenburg und kamen in die angewiesenen Dörfer zwischen 9 und 10 Uhr an, nach 11 Uhr kam der Offizier mit den Befehl, dass uns die sächsischen Dörfer Möst, Köttnitz und Hünerdorf zum morgenden Quartier angewiesen seien und dort selbst weiterer Befehle erwartet werden sollte.

Demnach rückte ich den 22ten in Möst und Köttnitz ein und erhielt daselbst den 23ten früh nach 8 Uhr den Befehl, dass das Regiment die Pferde mit Sattel und Zeug nebst den Pallaschen abgeben müsste, welches auch dergestalt befolgt wurde, dass sämtliche Pferde zwischen 1 und 2 Uhr unter Kommando des Premier Leutnants Stünzner und noch 2er Offiziers in Bernburg eintrafen, sich daselbst bei den Herrn General Leutnant von Zezschwitz meldeten und die Abgabe vollzogen.

Den 24ten Mittags kamen erstlich die Dragoner zu Fuß von Bernburg zurück.

Den 25ten früh marschierte ich über Zerbig nach Holtz Weissig und Ramsin bei Bitterfeld,

den 26ten Marsch über Düben nach Görschlitz, Authausen und Falkenberg,

den 27ten Marsch nach Zeckeritz, Zweto und Döbrichau,

den 28ten Rast.

Den 29ten auf kommissariatische Anordnung nach Fermerswalde mit Roessen, Bukau und Gräfendorf,

den 30ten ebenfalls auf Anweisung nach Hohenbuko, Prosmarke, Naundorf und Wergluge,

den 31ten desgl: auf Anweisung nach Kahnsdorf, Fresdorf und Frankendorf.

Den 1sten November rückte die Lübbener und Lübbenauer Garnison in die Standquartiere und die 4te Eskadron nach Woswerg und Altzauche, welches Einreffen ich auch sogleich an diesem Tage an Se Exzell: den kommandierenden General von Zezschwitz untertänigst meldete und einen vollständigen Rapport von sämtlich mitgebrachter und eingetroffener Mannschaft beilegte, nicht weniger anzeigte, dass der Stabswagen mit dem Gelde und die 4 Proviantwagen gerettet wären.

Über den Verlust der Mannschaft in der Schlacht bei Jena am 14ten und auf der Retraite, kann folgendes angeben:

Bei meiner Kompanie fehlen noch 8 Gemeine, welche am Tage der Schlacht bei Jena vermisst wurden und

bei der Süßmilch'schen Kompanie ebenfalls 4 Gemeine,

von welchen nicht zu bestimmen, ob einige tot seien.

Gefangen sind vor meine Kompanie gewesen 11 Mann, wovon 8 Mann in der Schlacht bei Jena, die des andern Tages entlassen, aber von

3 Mann, die auf der Retraite in Gefangenschaft geraten, sind

2 in Kemberg mit frz. Pässen und
1 bei Langensalza entlassen worden.

Blessierte habe ich 6 Mann

Die Süßmilch'sche Kompanie hat 5 Gefangene gehabt, wovon 2 Mann sogleich auf dem Platz,
1 Mann zu Erfurt,
1 Mann zu Stolberg und
1 Mann zu Weißensee entlassen worden sind.

Blessierte hat die Kompanie 2 Mann.

———

E

## Rapport Kommando - Major von Petrikowsky[26]

In Gemäßheit der von Ew Hochwohlgebr: erhaltenen Ordre ermangele nicht Denenselben ganz gehorsamst zu melden, dass, wie Ew: Hochwohlgebr: bekannt, von Anfange der Schlacht bei Jena bis zu den Augenblick, wo mich Dieselben mit der 4ten Eskadron zu Deckung eines Teils der reitenden Batterie kommandierten, ich beständig unmittelbar unter Dero Kommando gestanden.

Nach Verlauf einer geraumen Zeit wurde dieser Teil der reitenden Artillerie von den feindlichen Geschütz fast vollständig demontiert. Der Artillerie Offizier erhielt Befehl zum Rückzug und auch ich ging kurz darauf zurück. Bei den Rechtsumkehrt sehe ich eine Linie Sächs: Infanterie, welche im Avancieren und deren Kommandeur uns zurief, so geschwind als möglich Platz zu machen; er ließ auch, sobald wir die Front geräumt hatten, aus allen seinen Geschütz feuern.

Ich wollte mich auf den rechten Flügel dieser Infanterie setzen, bemerkte aber in diesen Augenblick eine Masse Kavallerie links, welche /: sie war noch ziemlich entfernt:/ im Trabe auf uns zu avancieren schien. In Zweifel, ob diese Kavallerie feindlich oder von der unsrigen sein könnte, glaubte ich ihr mit der Eskadron entgegen gehen zu müssen. Ohngefähr 150 Schritt avanciert kam ein Adjutant /: es war der Leut: v.Zezschwitz :/ mit der Versicherung, dass es feindliche Chasseurs wären - dieser Offizier avertierte die in der Nähe stehende Kavallerie - ich sah gleich darauf eine halbe Eskadron unseres Regiments, welche

---

[26] Se des kommandierenden Herrn Obersten von Barner Hochwohlgebr: Lieberose den 14ten Nov: 1806

mit mir in gleicher Höhe avancierte und vor welche /: wie ich gesehen zu haben glaube :/ sich Hr: Oberst Leut: von Mangoldt gesetzt hatte. Etwas rückwärts zu meiner Linken, in einiger Entfernung, avancierten zwei schwache Trupps preuß: Kavallerie /: es war der Major von Lossow von Gr: Henkel Cuir:, dessen Bekanntschaft ich nach geendigter Affaire machte :/. Wir waren jetzt soweit heran gekommen, dass man alles genau beobachten konnte und mir sah diese Kavallerie aus, wie wenn eines unsrer Regimenter mit Eskadrons abgeschwenkt in geschlossener Kolonne marschiert. Ich würde, wenn diese Kavallerie die Direktion ihres Marsches so fortgesetzt hätte, mit der Eskadron auf den feindlichen rechten Flügel getroffen haben, da ich aber bis 50 Schritt heran war, machte sie eine Bewegung links, als wenn sie vor meinen rechten Flügel vorbeitraben wollte. Durch Links_vor und Marsch_Marsch kam ich ihr gänzlich in den Rücken und da in diesen Augenblick wahrscheinlich der Hr: Ob: Leut: von Mangoldt auf ihrer linken Flanke, auch der Major von Lossow auf den rechten Flügel und die Front einhieb, so blieb die feindliche Kavallerie /: es war das 7e Chasseur Regiment :/ eine ganze Weile wie angenagelt stehen, wurde von allen Seiten herunter gehauen und nur wenige Gefangene gemacht. Endlich ging sie a la debande auseinander, der Rest wurde größtenteils in unsere Armee herein gejagt, einige Trupps zu 10 und weniger Pferden zogen sich rechts ab. Wir waren beim Verfolgen ebenfalls etwas auseinander gekommen und ich konnte mit der äußersten Anstrengung doch nicht die ganze Eskadron wieder sammeln. Einige Pferde waren blessiert.

Als ich wieder formiert hatte, ritten Herr Oberst von Gutschmidt vorbei, den ich von der eben gehabten Affaire Rapport machte und da der Major von Lossow, welcher auch beschäftigt war, seine Leute zu sammeln, von einen preuß: Offizier zu einer anderen Bestimmung abgerufen wurde, so zog ich mich an die in der Ferne stehende Linie unserer Kavallerie. Es war, ich kann nicht sagen, ob ein Teil oder das ganze Regiment von Polenz, auf dessen linken Flügel die Eskadron des Hr: Ob: Leut: von Mangoldt unseres Regiments sich so eben anschloss, neben welche ich mich setzte. Auf den rechten Flügel von Polenz glaube ich noch einige Eskadrons schwere Kavallerie zu sehen und ohngefähr 100 Schritt hinter meinem linken Flügel stand 1 Eskadron vom Regiment Krafft Drag: Ich hatte nicht Zeit, mich nach dem Kommandeur unserer Linie zu erkundigen, denn es kam in diesem Moment eine starke Kolonne feindliche Kavallerie eine kleine Anhöhe runter, wovon die Tête gerade auf meine Eskadron stieß. Sie blieb ohngefähr 80 Schritt von uns halten und begann aufzumarschieren. Es war noch nicht die 3te Abteilung der feindlichen Kolonne /: sie marschierte mit 15 Schritt Intervalle zwischen jeder Abteilung auf :/ aufmarschiert, als in unserer Linie Vorwärts_Marsch! kommandiert wurde. Ich traf auf die feind: rechte Flügel Eskadron und warf solche, kurz vor dem Einhauen sah ich noch, dass die links rückwärts stehende Eskaron vom Regiment Krafft durch Links_um! abmarschierte und glaubte, sie wollte um den feind: rechten Flügel herum gehen, auch sah ich hernach in vorwärtsgehen einen Offizier vom linken Flügel des Regiments von Polenz, welcher mit vieler Contenance vor seiner Eskadron mit dem Pistol in der Hand auf die feindliche Line avancierte.

Nachdem der feind: rechte Flügel ohngefähr 150 Schritt von uns verfolgt und einige Chasseurs herunter gehauen worden, hörte ich rufen: Unsre Leute retirieren!, welches sich leider bestätigte, der rechte Flügel und die Mitte unserer Kavallerie war im Rückzug und pête mête mit dem Feind, welcher sich sehr vermehrt zu haben schien, auch kam uns ein großer Trupp desselben in Rücken; wir suchten uns links abzuziehen, wurden aber auch ganz mit den feind: Chasseurs meliert und ich kam am Ende nebst den Capit: v.Minckwitz und ohngefähr 30 Mann, worunter etliche Dragoner von Polenz waren, heraus. Der übrige Teil der Eskadron hatte sich mehr links gleichfalls durchgehauen.

Die Retraite wurde hierauf allgemein und ein Offizier von preuß: Gen: Stabe befahl im Namen Se Durchl: des Fürsten von Hohenlohe alle zurückgehenden Truppen, bis Buttelstädt zu marschieren und sich daselbst wieder zu setzen.

Ich ging darauf durch Weimar, wo ich noch die Dragoner Henschel und Bergmann von des Capit: v.Minckwitz Kompanie blessiert zurücklassen musste, ersterer hat sich seitdem selbst aus der Gefangenschaft gerettet.

Als ich darauf in der Nacht vom 14ten zum 15ten Oktbr: bei Buttelstädt eintraf, kamen auch Ew: Hochwohlgebr: kurz darauf an und seitdem habe ich wieder unter Dero unmittelbaren Kommando, bis zu den Einrücken in die Garnison, gestanden.

Bei der zweiten Attacke sind von meiner Eskadron 4 oder 5 Mann herunter gehauen worden und auf dem Platz geblieben und über dieses der Wachtmeister Püschel schwer und einige Mann leicht blessiert worden.

Gefangen und blessiert war von der Eskadron der Korporal Kramer vom Capt: Rostock und Dragoner Haensel, Capt: v.Minckwitz, sie entkamen aber wieder, jedoch zu Fuß.

Ich muss hierbei bemerken, dass der Korp: Kramer bei der ersten Attacke sein Pferd verlor, ich machte ihn mit einem Beutepferd wieder beritten, welches den Korporal Mende von der Rostock'schen Kompanie gehörte. Da nun dieses Pferd bei der 2ten Attacke wieder verloren ging, so hat mich der Korporal Mende ersucht, um einigen Ersatz dieses Pferdes wegen Ew: Hochwohlgebr: ganz gehorsamst zu bitten.

Übrigens haben sämtliche Hrn: Offiziers der Eskadron durch ihre Bravour, Entschlossenheit und pünktliche Befolgung der gegebenen Befehle während der Schlacht nach meiner Überzeugung vollkommen ihre Schuldigkeit getan, auch fühle ich mich verpflichtet, die Activité und Tapferkeit des Fahnjunker Horn und Vize-Korporal Zeisig von der Capt: v.Minckwitz Kompanie sowie der Korporals Kramer und Mende von der Rostock'schen Kompanie /: beide letztere sind blessiert :/ nicht unbemerkt zu lassen.

————

F

### Rapport Kommando - Major von Bünau[27]

Nachdem am 13ten Oktbr: d.J. erhaltenen Befehl, dass sämtliche Regimenter, Bataillons und Detachements den 14ten in die angegebene Position wieder einrücken sollten, marschierte ich mit der Leib Eskadron des Regiments Prinz Albrecht Chevaux Legers gedachten 14ten Oktbr: früh halb 6 Uhr auf den bei Jena befindlichen Schneckenberg, um die daselbst befindliche Batterie zu decken. Bis Nachmittags 3 Uhr fiel, außer mehrerer veränderter Positionen, nichts erhebliches vor. Allein, kurz hierauf

---

[27] An Sr Hochwohlgebr: den Obersten und Regiments Kommandanten von Barner; Standquartier Lübben am 14ten November 1806

fing die Batterie an zu feuern und kontinuierte solange damit, bis selbige sich größtenteils verschossen hatte. Hierdurch nun, als auch der Gefahr zu entgehen, gänzlich abgeschnitten zu werden, zog sie sich zurück. Ich glaubte mich berechtigt, selbiger zu folgen und fernerweit zu decken, allein ein, mir durch den Herrn Rittmeister und General Adjutant Baron von Odeleben überbrachter Befehl bestimmte mich, meinen Vorsatz aufzugeben und nunmehr die in Eichwalde zwischen Isserstädt und Jena befindliche feindliche Infanterie und Chasseurs zu attackieren und zurück zu treiben. Nachdem ich zu zwei verschiedenenmalen auf gedachten Eichbusch attackiert und die aus selbigen vorgedrungen Truppen in selbigen zurück geworfen hatte, ward ich gewahr, dass ich vom Feinde ganz umgangen und in Rücken genommen war. Ich hielt es nunmehr für ratsam, meinen Rückzug anzutreten und in dieser Hinsicht befehligte ich den Sous Leutnant von Carlowitz, die Arrier Garde zu machen. Hier ward ich von einer beträchtlichen Anzahl feindlicher Husaren verfolgt und in Flanke genommen. Ich attackierte auf selbige, warf sie gänzlich zurück, machte mehrere Gefangen und konnte meinen Rückzug nach Weimar ungehindert fortsetzen. Da ich hier den Oberstleutnant von Mangoldt mit einem Teil gesammelter Mannschaft des Regiments antraf, schloss ich mich mit der Eskadron an selbigen und marschierte mit ihm bis hinter Erfurt, wo ich selbigen jedoch in der Dunkelheit der Nacht verlor und mich daher genötigt sah, meinen ferneren Marsch, nach den bereits eingegebenen Rapport, nach Lübben fortzusetzen.

Bei der Eskadron befand sich:

an Toten                    2 Gem. von Capt: v.Berge Komp.

| an Gefangenen | 7 Gem. von der Leib Komp. |
| | 4 Gem. von Capt: v.Berge Komp. |

An gebliebenen und blessierten Pferden
52 Stück als    24 Pf. von der Leib Komp.
               28 Pf. von Capt: v.Berge Komp.

Übrigens sind von der Eskadron
      7 französische Gefangene
in Erfurt abgegeben worden.

Ich verfehle nicht Ew Hochwohlgebr: Befehl zu Folge alles dieses ganz gehorsamst zu melden.

———

**G**

### Rapport Kommando - Capitain von Lessing[28]

In Gemäßheit der von Se des kommandierenden Herrn Generals von Zezschwitz Exzellenz unterm 4ten huj: erlassenen Ordre, halte ich es für meine Pflicht, ganz gehorsamst zu melden, dass sich die beiden Dragoner
     Friedrich Wilhelm Böhmer und
     Gottfried Berndt
von meiner innehabenden Kompanie durch Entschlossenheit, Mut und Standhaftigkeit in der Schlacht am 14ten Oktbr: ganz vorzüglich ausgezeichnet und der Empfehlung an die höchste Behörde würdig gemacht haben.

Der Sous Leutnant von Stutterheim der Ältere hatte das Unglück, dass ihm bei dem Rückzuge der 2ten Eskadron nach der 3ten Attacke, welche die Eskadron auf mehrere Eskadrons feindlicher Cuirassiers gemacht hatte, sein Pferd geschossen ward. Es stürzte und es blieb ihm nichts

---

28 An Se dem Herrn Oberst von Barner Hochwohlgebr: ganz gehorsamste Meldung; Standquartier Lübben am 22ten Novbr: 1806

übrig, als sich nunmehr zu Fuße gegen die der Eskadron nachjagenden und bei dieser Gelegenheit auf ihn zugleich mit hauenden Cuirassirs mit dem Pallasch in der Hand zu verteidigen, um zu versuchen, die Eskadron zu Fuß zu erreichen. Allein die Kräfte entgingen ihm, er konnte nicht mehr fort und würde gewiss von einem anderweitig auf ihn loskommenden Trupp feindlicher Cuiraissirs entweder niedergehauen oder gefangen genommen worden sein, wenn nicht in diesem Moment der Dragoner Böhme, ohne auf seine eigene Rettung Rücksicht zu nehmen, ihm zu Hilfe gekommen wäre.

Nicht genug, dass Böhme den Leutnant von Stutterheim, der entkräftet niedergesunken war, die Hand reicht, unterm Arm fasst und ein großes Stück Weges so mit sich fort führt; er bietet ihm sogar, da er sieht, dass der Leut: von Stutterheim zu Fuß nicht mehr fort kann, sein eigenes Pferd an und lässt nicht eher ab, in selbigen zu dringen, sein Anerbieten zu akzeptieren, bis der Leutnant von Stutterheim Gelegenheit hat, ein von einem Ciurassier vom Regiment Kochtitzky just gemachtes Beutepferd zu erkaufen und sich auf selbigen zu retten.

Schon als die Eskadron noch in dem Kanonenfeuer stand und die Tirailleurs solche heftig beschossen, ward der Dragoner Berndt von einem solchen durch den Hut in Kopf geschossen. Zum Glück hatte die Kugel durch die Stärke des Filzes ihre Kraft verloren und war auf den Knochen sitzen geblieben. Ohngeachtet dieser erhaltenen Blessur hat Berndt, ohne sich aus aus dem Glied zu entfernen und sich verbinden zu lassen, nicht allein nachher die beiden Attacken auf das 7te Chasseur Regiment mit möglichster Bravour mitgemacht, sondern er hat auch, da er es für überhandnehmenden Schmerz nicht länger mehr aushalten konnte, sich bloß von seinem Nebenmann die Kugel herausziehen lassen und ohngeachtet des nunmehr aus der Wunde herausströmenden Blutes, mit nämlicher Bravour auch die 3$^{te}$ und letzte Attacke der 2$^{ten}$ Eskadron auf die feindlichen Cuirassiers mitgemacht.

———

H

### Rapport Regimentsquartiermeister - Sousltn. Canzler[29]

Den 10$^{ten}$ Okt: 1806 brachte ich auf Ew Hochwohlgebr: Befehl die von Neustadt beim Regiment eingetroffenen Brotwagen nach Roda zur schweren Bagage. Daselbst trug mir der Herr Major von Egidy auf, bis Jena dafür zu sorgen, dass die marschierende Armee nicht durch Bagage aufgehalten würde. Den größten Teil der Nacht wand ich an, um diesen Befehl Folge zu leisten und den 11$^{ten}$ früh begab ich mich wieder zur Wagenburg. Wie den näml: Tag ohnweit Lobstädt der blinde Lärm von Jena aus erschallte, als ob die Franzosen ganz nahe wären, so entstand die größte Verwirrung, das mitgeführte Kanon ward vernagelt, die ganze Bagage fuhr untereinander und nur mit der größten Anstrengung und Mühe, vorzüglich durch den Wagenmeister Dammüller und Korporal Kläber unterstützt, gelang es mir, die Wagen beisammen zu halten, die Vorspann, welche die Stränge durchgehauen hatte, wieder zu sammeln und auf diese Art einen beträchtlichen Verlust bei der Wagenburg des Regiment zu verhüten. Bei dieser Gelegenheit hatte ich die Ehre, dass mir aufgetragen wurde, in die Gegend, wo der Feind vermutet war, eine Patrouille, welches, nachdem meine

---

[29] Sr des Herrn Obersten von Barner Hochwohlgebr:; Lübben am 26$^{ten}$ Nov: 1806

Wagen von mir bestmöglichst entfernt werden, geschah und erfuhr ich den Ungrund des Lärms sehr bald.

Den 14ten ej: musste auf Befehl des Hr: Major v.Witzleben, der bei der Bagage kommandiert war, in Hardesleben bei Cölleda die Bagage vermindert werden und es war wegen der Aufbewahrung mit dem dasigen Rentamtmann Rücksprache genommen worden. Ich kann mich rühmen, der einzige gewesen zu sein unter denen, die Bagage daselbst gelassen haben, welcher, so gut es sich in der Eil tun ließ, die Sachen untergebracht hat, indem ich nicht eher abging, als mir ein Behältnis zugesichert war. Der Amtmann wollte zwar nicht für die Sachen selbst stehen, machte sich jedoch anheischig, selbige an Niemand als an mich oder einen von mir Beauftragten verabfolgen zu lassen und habe ich bereits an ihn geschrieben.

Ferner glaube ich durch folgenden Vorfall, dessen Wahrheit mir der Herr Hauptmann v.Buthe[30] bezeugen muss, einiges Verdienst erworben zu haben. Bei Nordhausen sollte die Bagage biwakieren, es ward jedoch anders befohlen und einige Stunden weiter gefahren, wo die Nacht verweilt werden sollte. Ich hatte in der Stadt einen Dragoner mit der Weisung zurückgelassen, mir, wenn etwas vorfallen sollte, sofort Nachricht zu geben. Kaum war die Bagage aufgefahren, so kam der Dragoner /: Astfaler von Oberst Komp. :/ und meldete, dass die Franzosen bereits in Nordhausen wären und er sich, wie der Augenschein auch lehrte, habe durchhauen müssen. Ich zeigte dieses sogleich den Hauptmann v.Buthe an und die Wagenburg, bei der sich der blessierte General v.Trützschler befand,

---

[30] Einen Hauptmann mit diesem Namen gibt lt. S/R-Liste 1806 nicht. Möglich wäre v.Bosse vom Regiment von Low Infanterie.

brach sofort auf. In der Nacht ging der Stabswagen ent-
zwei und ich verblieb mit den Wagenmeister und Korp:
Klaeber allein bei selbigen. Ebendasselbe fiel den andern
Tag hinter Neusorge im Harz ebenfalls in der Nacht vor.
Wegen der zu besorgenden Nähe des Feindes ließ ich
den Wagen mit Sträuchern bedecken, die Pferde ab-
spannen und verhielt mich so still als möglich. Durch diesen neuen Aufenthalt kamen alle Wagen um 6 Stunden
eher fort und hatten also einen großen Vorsprung und
wegen vieler umgeworfener, im Wege liegender Wagen,
die erst bei Seite geschafft werden mussten, ward es au-
ßerordentlich schwierig, den Stabswagen fortzuschaffen
und gefährlich, bei selbigen zu bleiben. In den nächsten
Städtchen ließ ich, weil mir der Wagen nach und nach zu
zerbrechlich ward, um wenigsten einen beträchtlichen
Teil der Regiments Kasse zu retten, die Kasse aufbrechen,
nahm /: alles geschah in der Gegenwart von Gerichtsper-
sonen :/ über 4.000 Taler aus selbiger heraus und verteilte es unter die bei mir habenden 3 Leute und ließ über
den ganzen Vorfall das Ew Hochwohlgebr: überreichte
Protokoll aufnehmen, wodurch ich einen Kostenaufwand
von mehr als 6 Talern hatte.

Ich kam hierauf nach Magdeburg, erfuhr in Barby die ab-
geschlossene Neutralität und musste in Wolfen noch ein
scharfes Examen des französischen Hr: General Beau-
mont aushalten, ohne dass mir jedoch weiter etwas wi-
derfuhr. Man durfte bis Magdeburg wegen der preußischen Marodeurs einen Wagen nicht allein lassen und ich
hatte viel Sorge und Aufmerksamkeit bis dahin nötig. Den
28ten traf ich hier ein und den 31ten die übrigen Proviant-
und resp. Krankenwagen.

Das ich mir durch das ohne Befehl übernommene Kommando der Bagage den Beifall und die Gnade Ew Hoch-

wohlgebr: erworben habe, tröstet mich vorzüglich wegen meines, durch die Wegnahme des Packpferdes, erlittenen Verlustes, den ich mit guten Gewissen gegen 700 Taler schätzen kann. Auch glaube ich bei den Train selbst nicht ganz unbrauchbar gewesen zu sein, weil der Hr: Major von Witzleben mich mehreremale brauchte nachzusehen, ob seine Befehle gehörig befolgt würden.

Erlauben Ew Hochwohlgebr: noch, den Wagenmeister Dammüller und Korp: Klaeber besonders Ihrer Gnade zu empfehlen, weil sie es wirklich durch ihre Tätigkeit und Ausdauer verdient haben, ob ich schon bemerken muss, dass sämtliche kommandierte Unteroffiziers treulich bei ihren Wagen verblieben sind.

———

**Verzeichnis** der hauptsächliche Stücke meiner mitgenommenen Bagage, so ich durch die Wegnahme des Packpferdes verloren habe

1) an Tüchern

| | | |
|---|---|---|
| 6 Ellen weißen Casimir à 2 Tl 4 Gr | 13 | — — |
| 2 1/2 Ellen paille Casimir à 2 Tl 6 Gr | 5 | 9 — |
| 12 Ellen ponceau. Tuch à 6 Tl - Gr | 72 | — — |
| 8 Ellen ponceau. Tuch à 4 Tl - Gr | 32 | — — |
| 9 Ellen paille Tuch à 4 Tl - Gr. | 36 | — — |
| 12 Ellen ord. weißes Tuch à 2 Tl 4 Gr | 26 | — — |
| 16 Ellen Etamin à - Tl 12 Gr. | 8 | — — |
| 8 Ellen feines grünes Tuch à 4 Tl 12 Gr | 36 | — — |
| | 228 | 9 |

2) an Gold- und Silberwerk

| | | |
|---|---|---|
| 6 St. Porte d'Epees à 3 Tl 8 Gr | 20 | — — |
| 6 pr. Cordons à 4 Tl - Gr | 24 | — — |
| 6 St. Agraffen à - Tl 12 Gr | 3 | — — |
| 1 Feldbinde | 36 | — — |

| | |
|---|---|
| 4 Ellen goldene Tresse à - Tl 13 Gr | 2  4 — |
| 1 pr. Epauletten | 10 12 — |
| | 95 16 |

3) an übrigen Effekten

| | |
|---|---|
| Eine neue Uniform | 20 — — |
| einen guten Mantel | 20 — — |
| 6 neue Hemden | 27 — — |
| 6 weiße musselin Halstücher | 4 — — |
| 8 gute Schnupftücher | 5  8 — |
| 2 pr. weiße Casimirbeinkleider | 14 — — |
| 2 pr. weißseidene neue Strümpfe | 6 — — |
| 2 silberne Esslöffel | 7 — — |
| 2 silberne Teelöffel | 1  8 — |
| 2 pr. Messer | — 22 — |
| 4 Servietten | 3  8 — |
| 1 Tischtuch, in welches ich mein gutes Tuch | |
| eingeschlagen hatte | 4 — — |
| eine Cantine | 3 16 — |
| einen fast neuen Matin | 15 — — |
| einen ledernen Mantelsack | 6 — — |
| Sattel | 3 16 — |
| Zelt, welches ebenfalls verloren gegangen | 28 — — |
| Feldbett mit Stuhl | 6 — — |
| | 239  6 — |

Hierüber

| | |
|---|---|
| Meine Brieftasche mit CB | 80 — — |

| **Rekapitulation** | unter 1) | 228 Tl | 9 Gr | — Pf |
|---|---|---|---|---|
| | unter 2) | 95 | 16 | — |
| | unter 3) | 239 | 6 | — |
| | unter 4) | 80 | — | — |
| | Sa | 643 Tl | 7 Gr | — Pf |

Dieses Verzeichnis kann ich beschwören.

## Rapport Kommando - Capitain von Süßmilch[31]

Als am 14ten Oktober früh gegen 1/2 9 Uhr das Regiment Herzog Albrecht auf dem Schlachtfeld bei Jena aufmarschierte, ward ich mit der Kompanie des Herrn Oberstleutnants von Mangoldt zur Bedeckung zweier Stück sächs: reitender Artillerie kommandiert, welche bestimmt waren, das Tal, welches bei Isserstädt anfängt, zu beobachten und den etwa daraus vordringenden Feind zurückzutreiben. Dieses Dorf lag ohngefähr 300 bis 400 Schritt vor unserer Front in mäßiger Vertiefung, unmittelbar an dasselbe stieß ein Eichwald, welcher denjenigen steilen Bergabhang bedeckte, der in seiner Verlängerung dem linken Flügel der französischen Armee zum Anstützungspunkt diente und auch denselben bei ihren sodannigen Vorrücken bis Isserstädt sicherte. In diesen Eichwald war eine Abteilung preuß: Jäger poussiert. Rechter Hand von mir stand in einiger Entfernung das Carabinier Regiment, links die Dragoner von Polenz, welche aber bald soweit vorrückten, dass sie das Dorf Isserstädt zur Rechten hatten. Zunächst dieses Regiments stand eine geraume Zeit ein preußisches Füsilier Bataillon, welches mehreremale zweifelhaft zu sein schien, ob es seine Stellung im freien Felde beibehalten oder den Eichwald und das Dorf Isserstädt besetzen sollte, wenigstens sah man öfters Trupps von denselben ab- und zugehen.

Die 2 Kanonen, bei welchen ich war, blieben unverändert bis gegen Mittag in völliger Untätigkeit, indem sich die obbesagten Jäger jenseits dem Dorfe mit denen feindlichen Tirailleurs beschäftigten; ein Regiment feindlicher Kavallerie kam aber zu dieser Zeit mit dem Regiment Polenz zugleich ziemlich von unserer linken Seite in vollen

---

31 Lübbenau am 12ten November 1806

jagen auf die Kanonen los. Die Vermischung der französischen und sächsischen Reiterei erlaubte es nicht mit Kartätschen zu feuern, welches umso weniger notwendig war, da meine unterhabende halbe Eskadron gemeinschaftlich mit dem Polenz'schen Regimente den Feind ohne Schwierigkeit zurück warf und alles sich augenblicklich wieder in seiner vorigen Stellung formierte.

Ohngefähr nach 2 Uhr zogen sich die Jäger aus dem Eichwald nach Isserstädt und von da auf mich zurück. Sobald die feindliche leichte Infanterie sich von dieser Seite sehen ließ, so fing auch das Feuern unserer 2 Kanonen sofort an, welches ohngefähr eine $1/2$ Stunde anhielt, aber dadurch, dass die Maschine der einen Kanonen schadhaft ward, sich verminderte, so dass nur die andere das Feuer noch eine Zeit lang fortsetzen konnte.

Als die preußischen Jäger bei mir anlangten fragte ich sie: warum sie ihre vorige Stellung schon verlassen hätten? worauf sie erwiderten: „Unsere Munition ist gänzlich verschossen, überdies unterstützt man uns gar nicht; wir allein sind zu schwach, uns dort länger zu behaupten."

Diese Äußerung war in der Tat nicht unrichtig, insofern man annimmt, dass jenes besagte Füsilier Bataillon sehr füglich die Jäger im Walde hätte unterstützen und mit diesen gemeinschaftlich bis gegen des Feindes linken Flügel vordringen und diesen durch kleines Gewehrfeuer aus dem Walde beunruhigen können. Wahrscheinlich hätte der Feind seine Batterie des linken Flügels nicht so weit vorgeschoben, mithin auch denen diesseitigen Truppen keinen so großen Schaden zufügen können.

Sobald die feindliche leichte Infanterie das Dorf Isserstädt okkupiert hatte, welches das Feuern einer einzigen Kanone nicht hindern konnte, so rückte auch die große

Linie mit den linken Flügel bis an dieses Dorf und ich musste befürchten, dass unsere 2 Kanonen dem Feinde in die Hände fallen möchten; ich riet daher dem Artillerie Offizier, sich zurück zu ziehen.

Das Regiment Polenz und 3 Kompanien von Albert standen ohngefähr 150 Schritt hinter uns dergestalt, dass sie die Chaussee im Rücken hatten. Indem wir uns eben mit dieser Linie vereinigten, rückte die feindliche Kavallerie mit großer Lebhaftigkeit gegen uns an, hätte aber gewiß den Mut der Sachsen nicht erschüttert, wenn nicht die Dragoner v.Krafft, welche sich an den linken Flügel unserer Kavallerie anschlossen, durch ein übles Beispiel die Veranlassung zum Rückzug gegeben hätten, wobei die besagten 2 Kanonen wegen Kraftlosigkeit der Bespannung der Kavallerie, welche sich in mäßigen Galopp und Trab zurück zog, nicht folgen konnte, sondern dem Feind zur Beute wurde.

---

### Rapport Sendung - Premierleutnant von Großmann[32]

Ew Hochwohlgebr: verfehle ich nicht, hierdurch meinen gehorsamsten Rapport über die mir aufgetragene Sendung zu Sr Durchl: den Fürsten Hohenlohe untertänigst abzustatten.

Mein langes Ausbleiben wird Ew Hochwohlgebr: schon auf die Mutmaßung geleitet haben, dass ich das Hauptquartier Sr Durchl: des Fürsten nicht in Gransee angetroffen haben müsste und so war es auch wirklich. Die ganze

---

[32] An Se des Herrn Obristen von Barner Hochwohlgebr:, Grimma den 6ten Novbr: 1806 // Wilhelm Ulrich v.Großmann stand im Regiment Prinz Clemens Chevauxlegers

Expedition erhielt nun eine andere Wendung. Ich fertigte in Waltersdorf, 2 Meilen von Gransee, einen Eilboten an Ew Hochwohlgebr: ab, gab ihm die Hälfte der sehr reichlichen Bezahlung, um Denenselben von dem, was ich erfahren hatte, Nachricht zu geben. Weil aber die Furcht für das augenblickliche Eindringen des Feindes in die Ortschaften, in denen ich war, alle Menschen aus der Fassung gebracht hatte, so hat sich mein Bote wahrscheinlich nicht fort getraut oder ist aufgefangen worden.

Den 27ten Oktbr: von Waltersdorf war ich genötigt nach Fürstenberg zu eilen, wo Se Durchl: sein sollte. Bei meiner Ankunft war er schon einige Stunden abgereist. Meine Verlegenheit stieg aufs Höchste. Ich war die ganze Nacht geritten und gefahren, es war gegen Mittag und noch immer war mein Auftrag unerfüllt. Dabei war schlechterdings keine Möglichkeit, ein Kurier Pferd zu bekommen, so dass ich aufs nächste Dorf zu Fuß gehen musste. Ein Dukaten schaffte mir endlich eine christliche Seele, die mich weiter brachte. In Lychen, wo ich zwar Se Durchl: traf, war der Hr: Obriste v.Gutschmidt nicht, ich eilte daher von da soweit der Armee nach, bis ich 5 Stunden von Lychen den Hr: Obristen traf. Er ließ mich meine Depeschen an Se Durchl: selbst überreichen. So groß das Erstaunen desselben über die Bestätigung der Gerüchte war, von denen er eine ganz offizielle Anzeige erwartet hätte, so groß war der Beifall, den er Ew Hochwohlgebr: Maßregeln gab. Ich erhielt den Auftrag, Ew Hochwohlgebr: sowie sämtlichen Hr: Offiziers die Versicherung der vollkommensten Hochachtung zu geben und das Bedauern zu äußern, welches derselbe über die Beschwerden fühlte, die wir ohne seine Schuld bei den forcierten Rückmärschen seiner Armee hätten mit ertragen müssen und welche zu erleichtern, bei dem Drange der Umstände, außer seiner Macht gelegen hätten.

Die Armee war auf dem Marsch, Se Durchl: wollten dem Hr: Obristen von Gutschmidt ein Schreiben an Se Durchl: unseren gnädigen Herrn mitgeben und luden uns daher ein, mit nach Prenzlau zu gehen, wohin die Armee jene Nacht marschieren sollte. Wir fanden gegen Abend den Feind schon in unserer rechten Flanke in Boitzenburg, es entstand eine Kanonade, man ließ die Ordre de Bataille rangieren und hielt sich 6 Stunden auf. Nun entstand die Frage, wo man hingehen sollte. Es blieb auf der linken Flanke nach Schönermark zu der einzige Ausweg übrig. Diesen wählte man auch. Die Armee marschierte ohne zu ruhen die Nacht dahin und erst

den 28ten Oktbr: gegen Morgen erhielten wir unsere Abfertigung. Der Hr: Obrist von Gutschmidt ging nun nach Lychen zurück. Eine halbe Stunde von dem Ort stoßen wir auf die Avantgarde der französischen Armee. Da es schon gegen Abend war so machte es große Schwierigkeiten, mit den französischen Soldaten zur Sache zu kommen. Wir blieben in Tannewald die Nacht über, der Hr: Obrist ritt nach Fürstenberg, um einen Pass beim Prinzen von Ponte Corvo auszumitteln. Meine Ungeduld, Ew Hochwohlgebr: noch keine Nachricht von meiner Sendung geben zu können, erlaubte mir nicht, den Hr: Obristen abzuwarten. Ich nahm daher ein Ordonnanz Pferd und eilte

den 29ten Oktbr: auf Ruppin; musste aber Wagen nehmen, das Pferd anbinden, da es marode wurde. Mit Mühe erreichte ich Ruppin und zu meinem großen Verdruss traf ich einige Regimenter Chasseurs an, die den ganzen Tag über mit einem versprengten Korps des Herzogs von Weimar sich herumgeschlossen hatten. Ich ward bald zu dem, bald zu jenem Kommandeur gebracht, man wollte mich durchaus nicht passieren lassen und nur die Reputation der Dragons rouge in der französischen Armee half mir durch. Ich traf das 7te Chasseur Regiment, welches von den Eskadrons des Regiments Albrecht so übel zugerichtet worden ist und hatte das Vergnügen, das Lob der Sächs: Kavallerie aus dem Munde des Feindes aufs beste rühmen zu hören. Nachdem ich von der Patrouille des Feindes gewaltig beunruhigt worden war, kam ich endlich nach Neu Ruppin. Ich nahm wieder Extrapost und eilte nach Lüchfeld, wo ich hörte, dass Ew Hochwohlgebr: nach Dreetz marschiert waren.

Den 30ten Oktbr: In Dreetz fand ich schon die große Armee des Marschall Soult und ward auch hier so herumgeführt, dass ich, um allen Weitläufigkeiten auszuweichen und weil ich nun hörte, dass Ew Hochwohlgebr: nach Brandenburg marschiert wären, einen andern Weg über Genthin einschlug, um nach Gommern zu gehen, wo ich entweder dieselben anzutreffen oder Nachrichten über unsere Bestimmung zu finden hoffte. Ich erfuhr dort leider das traurige Los, welches der braven Sächs: Kavallerie zu Teil geworden ist und ging nun über Zerbst und Dessau in meine Garnison zurück. Wenn ich zwischen dieser 10tägigen Reise und der Katastrophe der ganzen Campagne wählen sollte, so würde ich, ohne mich zu besinnen, beim großen Haufen die Campagne der Reise vorziehen. So allein sich bald unter den französischen Räuberhaufen der Patrouillen, mitten in den abscheulichsten Plünderungen, bald unter den preußischen Marodeurs herumschlagen zu müssen, brachte mich oft in eine Lage, die ich nicht beschreiben kann. In Klehen, einem Rittergute des Grafen von Bredow, ward mir mein

Pferd /: das der Ordonnanz :/ mattig und alles, was ich nicht unmittelbar an mir hatte, entwendet. Ich war fast nackt und blos. Zu meinem großen Glück hatte mir die Frau Majorin von Wedel in Ruppin 5 Louisdor geborgt, sonst wäre ich auch ganz ohne Geld gewesen. Da ich kein Pferd mehr hatte, so musste ich die Reise zu Wagen machen. Man weigerte sich hier und da in den Dörfern mir Vorspann zu geben, ich musste sie aufs teuerste bezahlen und hätte ich nicht durch die französischen Pässe, die ich schrieb und wodurch die Leute ihre Rückreise zu sichern glaubten, mein Fortkommen befördern können, so wäre ich oft in den epineusesten Lagen gewesen, die sich nur denken lassen.

Ew Hochwohlgebr: geruhen hieraus zu ersehen, dass diese Reise auch eben so kostspielig war, als sie fatiquant sein musste. Dieselben hatten mir 2 Louisdor mitgegeben, die ich schon ausgegeben hatte, ehe ich nach Fürstenberg kam. Ich musste in Ruppin allein bis Gransee 5 Tl 16 Gr, dem Postillion 16 Gr bezahlen. Meine eigene Kasse bestand aus 2 Louisdor und 4 Dukaten, nebst einigen Talern Münze, ich habe hierzu 5 Louisdor, so von der Frau Majorin von Wedel geborgt und habe 19 Gr preuß: Münze zurück gebracht, als ich nach Gommern kam.

Meine Reise von Lüchfeld nach Grimma trug 75 Meilen aus. Ich ging den 26ten Oktbr: von Lüchfeld ab und traf den 1sten Novbr: in Grimma ein.

Ew Hochwohlgebr: geruhen mir zu Gnaden zu halten, wenn ich um den Ersatz der Summe von 7 Louisdor /: da Ew Hochwohlgebr: mir schon 2 Louisdor abschlägig gegeben haben :/ und 4 Dukaten untertänigst bitte und bin umso mehr der gnädigen Erfüllung meiner untertänigsten Bitte gewärtig, da bei dem Verlust meiner ganzen

Equipage und meinen unbedeutenden Vermögens Verhältnissen, ich diese Ausgabe doppelt denkend fühlen würde.

Zu unsern großen Schrecken kam heute ein Capitain der Gens d'armerie mit dem Befehl, die durch den Hr: Major von Schleinitz zurückgebrachten Pferde zu übernehmen und nach Leipzig zu bringen. Die Stimmung, die diese Maßregel bei uns hervorgebracht hat, erreicht keine Beschreibung.

Ew Hochwohlgebr: wollen mir zu Gnade halten, dass ich diesem Rapport mehrere Erzählungen beifügte, die bloß einer mündlichen Bericht Erstattung erlaubt sind. Bei dem gnädigen Anteil aber, den Ew Hochwohlgebr: an allen dem zu nehmen geruhten, was dem Regiment anging, habe ich im Voraus mir Dero gnädige Verzeihung zugesichert.

## 5.    Quellen

**Haupstaatsarchiv Dresden**
Bestand 10 026 geheimes Kabinett Akte Loc. 1202/1
Bestand 11 339 Generalstab Akte 256

**Montbé** – Die chursächsischen Truppen im Feldzuge 1806 – Dresden 1860

**R.v.L.** – Bericht eines Augenzeugen von dem Feldzuge … 1806 – Tübingen 1807

**Stamm- und Rangliste** der Chur-Sächsischen Armee für das Jahr 1806 – Dresden 1806

**Stamm- und Rangliste** der Königl. Sächsischen Armee auf das Jahr 1807 – Dresden 1807

**Bei BOD sind in dieser Reihe an Berichten und Tagebüchern bisher u.a. erschienen:**